L'INSÉCURITÉ CULTURELLE

DU MÊME AUTEUR

Le Fédéraliste, la démocratie apprivoisée, Paris, Éditions Michalon, 1997 (en collaboration avec T. Chopin)

La Culture générale à Sciences Po, Paris, A. Colin, 2001 (en collaboration avec C. Giolito, 3e éd. revue et augmentée : SEDES, 2009)

L'Année zéro de la gauche, Paris, Éditions Michalon, 2003 (en collaboration avec L. Baumel)

Dictionnaire de sciences politiques, Paris, Sirey, 2004 (2e éd. revue avec D. Alcaud, X. Crettiez, J.-G. Contamin, S. Morel et M. Rouyer : Sirey, 2010)

Le Communautarisme. Mythes et réalités, Paris, Éditions Lignes de Repères, 2007

Le Sens du peuple. La gauche, la démocratie, le populisme, Paris, Gallimard, 2012

Laurent Bouvet

L'INSÉCURITÉ CULTURELLE

Fayard

Ouvrage édité sous la direction de Fabrice d'Almeida

Création graphique : Atelier Didier Thimonier

ISBN : 978-2-213-67219-9

© Librairie Arthème Fayard, 2015

Introduction

La montée des populismes, en France comme ailleurs en Europe, est le témoignage politique le plus saillant de la crise profonde que traversent le pays et le continent.

Elle est une réaction inquiète, et apparemment inexorable, aux symptômes d'une société bouleversée par un chômage persistant, des inégalités croissantes, un sentiment de déclassement généralisé, une pauvreté de plus en plus visible, ou encore la relégation territoriale pour une part croissante de nos concitoyens. Si elle répond d'abord à une insécurité économique et sociale qui saisit toute la société ou presque, elle témoigne aussi d'un doute profond et insidieux sur ce que nous sommes, sur « qui » nous sommes, collectivement, dans un monde devenu très largement illisible en plus d'être anxiogène.

Face à un tel phénomène, responsables politiques et économiques paraissent désemparés, inquiets eux aussi. Mais c'est d'abord leur impuissance qui frappe. Ils semblent à leur tour emportés par des changements dont ils ne maîtrisent ni l'ampleur ni le sens. Devenus les premières cibles du mécontentement, ils répondent, mécaniquement : austérité, adaptation, retour à la croissance, amélioration de la courbe du chômage, rattrapage du pouvoir d'achat...

Cette réponse est insuffisante, à la fois peu efficace économiquement et peu pertinente politiquement. Elle passe à côté sinon de l'essentiel, du moins d'une indispensable lecture « culturelle », certains diraient « identitaire », de la crise actuelle, de ce qui est vécu et ressenti dans la société, par le pays, au-delà des difficultés économiques et sociales. « Vivre ensemble », « cohésion sociale », « identité nationale »... Les formules qui tentent de saisir ce qui est en jeu fleurissent depuis quelques années. Derrière celles-ci, on trouve des intentions variables, des conceptions différentes et des projets antagonistes. Elles témoignent pourtant d'une même préoccupation : à côté des réponses à l'insécurité économique et sociale, comment répondre à une autre forme d'insécurité, « culturelle » cette fois ?

L'expression n'est facile ni à comprendre ni à accepter de prime abord. Ainsi, par exemple, une telle insécurité témoigne-t-elle d'une réalité sociale tangible et mesurable ou bien seulement d'un « sentiment » exprimé par tel ou tel acteur, individuel ou collectif, dans la société ? Et la mettre ainsi en exergue, n'est-ce pas anxiogène ? N'est-ce pas contribuer à une forme de démagogie, n'est-ce pas alimenter le populisme ? Et y accoler l'adjectif « culturelle », n'est-ce pas obscurcir encore le tableau ? D'ailleurs, de quelle « culture » parle-t-on ? L'usage du terme n'est-il pas différent dans le langage courant – dans lequel la culture est étroitement liée à l'art et aux pratiques qui lui sont associées – et dans le langage savant, celui des sciences sociales notamment ? Ne verse-t-on pas ainsi dans une forme de culturalisme ? N'ouvre-t-on pas la voie à la réduction de l'individu et des groupes sociaux à des traits ou des caractères culturels de leur identité ?

Une telle problématique sonne étrangement à l'oreille française – moins à celle d'un anglophone –. Elle naît pourtant d'un constat banal et ancien : la situation économique et sociale des groupes et des individus ne saurait expliquer à elle seule les idées, les discours et les comportements politiques. Il faut y ajouter d'autres facteurs que l'on appelle des valeurs, culturelles notamment.

L'insécurité culturelle est donc l'expression d'une inquiétude, d'une crainte, voire d'une peur, vis-à-vis de ce que l'on vit, voit, perçoit et ressent, ici et maintenant, « chez soi », des bouleversements de l'ordre du monde, des changements dans la société, de ce qui peut nous être à la fois proche ou lointain, familier ou étranger. C'est dans l'espace des représentations individuelles et collectives que s'observe d'abord cette insécurité. Vivre, voir, percevoir ou ressentir le monde ou le voisin comme une gêne ou une menace en raison de sa « culture », de différences apparentes ou supposées, qu'il s'agisse, par exemple, de ses origines ethno-raciales ou de sa religion, voilà ce qui provoque l'insécurité culturelle. Elle se repère à plusieurs niveaux, dans des circonstances, parmi des populations et sur des territoires très différents.

On en trouve, bien évidemment, le témoignage direct dans des attitudes de repli identitaire et des expressions politiques, comme celles que l'on adresse au Front national (FN). En particulier chez ceux qui se qualifient eux-mêmes de « Français de souche » ou de « petits Blancs » parce qu'ils se sentent menacés, dans leurs « modes de vie » ou leur « identité nationale », par les immigrés ou les musulmans. Mais l'insécurité culturelle existe aussi chez ceux qui sont ainsi mis en cause, en raison de l'exclusion sociale et des discriminations de toutes sortes qu'ils peuvent subir. Elle doit donc être observée et comprise comme un phénomène à la fois global et réflexif, comme une représentation à la fois partagée et antagoniste.

La notion d'insécurité culturelle permet ainsi de mieux comprendre les oppositions entre ces différents groupes et entre les populations qui la vivent ou la ressentent. Oppositions nées notamment de la compétition pour des ressources qui se raréfient en période de crise économique, comme c'est le cas pour celles de l'État-providence par exemple – ainsi en va-t-il des débats de plus en plus tendus autour des thématiques de l'assistanat et des transferts sociaux envers les immigrés. Oppositions nourries politiquement et médiatiquement par l'écho systématique que donne à ces questions une force politique majeure comme le FN depuis des années, mais qu'alimentent aussi différentes composantes de la droite et de la gauche « classiques », en tentant d'utiliser ou d'instrumentaliser à leur profit ce type d'insécurité et les dérives identitaires sur lesquelles elle peut toujours déboucher.

L'insécurité culturelle nous éclaire, enfin, sur les insuffisances et les manquements des élites – qu'elles soient politiques, économiques ou intellectuelles – et la défiance dont elles sont l'objet. Les groupes antagonistes que l'on a évoqués ici se retrouvent dans la critique à l'égard de ceux qui les dirigent ou prétendent le faire. En passant d'une dimension horizontale de la relation identitaire (entre le « eux », l'étranger, et le « nous », l'autochtone, qui se dessine sous forme de repli et d'antagonisme) à une dimension verticale (entre le « bas » et le « haut » de la société), l'insécurité culturelle devient une expérience commune à ceux qui, par exemple, sont exposés aux risques et aux rigueurs de la mondialisation ou encore aux défauts et conséquences des politiques publiques. Car ils adressent finalement le même reproche à ceux « d'en haut », qu'ils voient ou pensent disposer du privilège d'y échapper, voire d'en bénéficier sur leur dos. C'est aussi à ce niveau qu'intervient le FN. Son efficacité politique – relativement aux autres partis – étant sans doute largement liée à sa capacité et à celle de ses dirigeants actuels à articuler ces différentes « dimensions » du malaise collectif.

*

Comprendre et expliquer l'insécurité culturelle suppose donc de partir des représentations, vraies ou fausses, claires ou brouillées, de la réalité telle qu'elle est vécue par les acteurs, en se tenant à distance tant des passions et visées idéologiques que des illusions scientistes ou positivistes. C'est pourquoi on ne jugera pas ici, en surplomb, du point de vue moral ou académique, telle idée, tel discours ou tel comportement au nom de l'opinion que l'on peut s'en faire ou de son caractère, à nos yeux, condamnable. On se situera à hauteur d'homme en quelque sorte, là où s'exprime l'insécurité culturelle.

Au-delà des représentations qui la véhiculent, c'est son caractère politique qui nous intéresse. À la fois parce qu'elle est un objet de construction, de manipulation et d'instrumentalisation de la part du politique et parce qu'elle a des conséquences sur le politique. La scène politique française offre ainsi une grande variété d'usages et d'effets de l'insécurité culturelle : du FN, champion incontesté en la matière, à une gauche qui, défaite ou impuissante dans son combat économique, ne résiste pas toujours à la tentation du culturalisme, en passant par une droite de plus en plus tiraillée entre une simple imitation du FN en matière d'immigration et vis-à-vis de l'islam et le durcissement du combat pour des valeurs conservatrices quant aux mœurs ou à la famille.

Face à ces deux mouvements autour de l'insécurité culturelle, celui, ascendant, de sa représentation et celui, descendant, de sa politisation, difficile de rester l'arme au pied. Nous voudrions donc aussi contribuer à alimenter un débat public certes déjà riche sur les problématiques qui nous occupent, mais dont la pente est, nous semble-t-il, dangereuse. Nous voudrions donc tenter, avec ce livre, de la remonter, en faisant valoir, face aux dérives et impasses que l'on va essayer de comprendre et d'expliquer, la possibilité d'une politique dégagée de ses oripeaux identitaires.

CHAPITRE PREMIER

Le triangle « économie, immigration, mode de vie »

Depuis les années 1990, la diffusion des nouvelles technologies de l'information et de la communication et les changements géopolitiques entraînent d'importants bouleversements de l'ordre du monde. Chacun a dû apprendre à vivre dans un contexte mouvant. Mondialisation, crise de la construction européenne, crise économique, montée en puissance de l'islamisme, figurent au nombre des composantes lourdes de cette mutation. Et toutes impliquent de graves conséquences dans la vie quotidienne de chacun, partout sur le territoire.

L'insécurité culturelle est l'expression d'une peur confuse et multiforme face à un tel environnement, perçu comme chaotique et illisible, mais pour autant bien réelle dans la vie quotidienne, car pesant sur les plus fragiles et les plus exposés aux difficultés économiques et sociales. Si une telle insécurité est étroitement liée à la situation économique et sociale de ceux qui la ressentent, l'éprouvent ou l'expriment, elle porte en revanche sur des éléments qui sont d'une autre nature, des éléments « culturels », en ce qu'ils sont associés aux modes de vie ou à la religion par exemple. Ainsi l'immigration et l'islam apparaissent-ils comme des facteurs de tension et de clivage dans nombre de sociétés européennes, en raison de cette prégnance des enjeux culturels.

C'est là le cœur de la problématique de l'insécurité culturelle. Elle se niche bien sûr dans les craintes exprimées à longueur d'enquêtes d'opinion par ceux que l'on nomme trop facilement les « petits Blancs » (en référence à un terme américain), parce qu'ils rejettent l'immigration au nom de leur survie économique ou l'islam au nom de la volonté de préserver leur « mode de vie ». Mais elle trouve aussi son expression dans la réticence commune de nombre de croyants, musulmans comme catholiques, face à l'évolution des mœurs et des valeurs familiales – quand il ne s'agit pas, directement, des craintes pour la pratique religieuse face à la laïcité.

Il y a là des comportements nouveaux, trop peu étudiés, et surtout trop peu pris en considération politiquement, entre la perception, générale, d'un monde extérieur inquiétant et illisible et sa transposition locale tout aussi préoccupante.

Inquiétante mondialisation

La mondialisation est le cadre d'ensemble de ce bouleversement général de l'équilibre planétaire qui frappe durement la France, comme les autres vieilles sociétés industrielles. Chacun comprenant bien que les mutations à l'œuvre sont profondes et qu'elles entraînent une modification qui l'est tout autant de la société française. L'insécurité culturelle est ainsi la première réaction, en forme de mélange de crainte et de rejet, à ce mouvement général qui dépasse et entraîne le pays.

Le terme « mondialisation » lui-même – utilisé en français comme une traduction de l'anglais *globalization* – était quasi inconnu jusqu'aux années 1990. Il est toutefois vite devenu un mot générique désignant les changements à l'œuvre dans l'économie mondiale après la chute du Mur de Berlin et symbolisant leur caractère délétère pour la France. La crise de 2008 a en effet mis un terme aux débats du tournant du siècle entre la possibilité d'une « mondialisation heureuse » célébrée par Alain Minc et la critique développée par des mouvements comme Attac.

En mai 2007, 54 % des Français interrogés par CSA « avaient le sentiment que la mondialisation de l'économie profite essentiellement aux pays développés comme les États-Unis et la France, mais pas aux pays en voie de développement », contre 9 % qui pensaient qu'elle ne profitait à aucun pays et 19 % à tous les pays. En janvier 2012, 16 % seulement des Français pensaient qu'elle profitait aux « pays anciennement développés comme l'Europe ou les États-Unis » et 50 % « avant tout aux pays nouvellement développés ou en voie de développement, comme la Chine, le Brésil et l'Inde » – 13 % à tous les pays et 16 % à aucun pays[1].

Aujourd'hui, le rejet de la mondialisation est devenu général et profond au sein de la population, à la fois parce que la crise économique est vécue comme une conséquence immédiate des transformations (chômage, délocalisation, précarisation...) qu'elle implique dans les rapports de force mondiaux, et parce qu'elle apparaît comme un bouleversement durable des équilibres planétaires.

Ainsi, pour 50 % des personnes interrogées en novembre 2011 par TNS-Sofres[2], la mondialisation « est une menace » – contre 37 % « une opportunité » –, et pour 80 % des personnes

---

1. CSA, « La peur de la mondialisation », 2012, http://www.csa.eu/multimedia/data/sondages/data2012/opi20120403-note-d-analyse-la-peur-de-la-mondialisation.pdf

2. TNS-Sofres, « Les Français, la mondialisation et le protectionnisme », novembre 2011, http://fr.scribd.com/doc/71796028/Les-Francais-et-la-mondialisation-Resul

interrogées par l'IFOP en janvier 2013[3], « l'économie de marché et le capitalisme sont un système » qui fonctionne mal (54 % ne voyant aucune alternative, 26 % désirant le changer). À la question « Pensez-vous que d'ici cinquante ans l'économie de la France sera à un niveau supérieur, au même niveau ou à un niveau inférieur à celui de pays émergents comme le Mexique, la Thaïlande ou le Nigeria ? », posée par CSA dans l'enquête de janvier 2012, 32 % des Français sondés répondent : « un niveau supérieur » – 32 % « au même niveau » et 29 % « à un niveau inférieur ».

Le « cheval de Troie » européen

Le rapport de défiance des Français à l'égard de la mondialisation nuit désormais aussi à l'Europe. L'Union européenne étant largement perçue comme le « cheval de Troie » d'une mondialisation destructrice plutôt que comme un rempart efficace contre ses effets. Alors même que c'est ainsi qu'elle a été promue et défendue depuis vingt ans par les partisans de la construction européenne lors de tous les grands rendez-vous électoraux ou référendaires.

---

3. IFOP-*La Croix*, « Regards internationaux sur la situation économique et sur la mondialisation », février 2013, http://www.ifop.com/media/poll/2160-1-study_file.pdf

Le débat autour de la « directive Bolkenstein » et à l'occasion du référendum sur le Traité constitutionnel en 2005 a témoigné de l'assimilation grandissante de la construction européenne à un abaissement des protections contre les effets de la mondialisation. 68 % des Français interrogés en mars 2005 par CSA se déclaraient ainsi opposés à la « directive Bolkenstein », qui devait autoriser des entreprises européennes à faire travailler en France des salariés aux normes sociales de leur pays d'origine. Le fameux « plombier polonais » remplaçait alors l'ouvrier chinois dans l'imaginaire collectif d'un *dumping* social destructeur d'emplois, de pouvoir d'achat et de protection sociale.

En janvier 2014, 70 % des personnes interrogées répondaient à la question « Pour faire face aux grands problèmes dans les années à venir, quelle est la meilleure solution ? » qu'il « faut renforcer les pouvoirs de décision de notre pays, même si cela doit conduire à limiter ceux de l'Europe[4] ».

Ce qui est principalement en jeu à travers ce rejet massif de la mondialisation et d'une construction européenne qui semble en multiplier

---

4. Ipsos, « Nouvelles fractures françaises : résultats et analyse de l'enquête Ipsos/Steria », janvier 2014, http://www.ipsos.fr/decrypter-societe/2014-01-21-nouvelles-fractures-francaises-resultats-et-analyse-l-enquete-ipsos-steria

les effets, c'est le fait que les frontières (nationales ou européennes) n'apparaissent plus comme une protection efficace de ceux qui vivent à l'intérieur de celles-ci contre le monde extérieur. Daniel Innérarity le résume ainsi : « Quand l'espace sans limite s'unifie au point de devenir tout entier zone frontière, alors le monde entier devient une zone irritable[5]. »

Et ce sont les plus fragiles, les plus pauvres évidemment au premier chef, qui souffrent le plus de cette disparition des frontières. Régis Debray l'avait résumé dans une formule claire : « Ce sont les dépossédés qui ont intérêt à la démarcation franche et nette. Leur seul actif est leur territoire, et la frontière, leur principale source de revenus [...]. Les riches vont où ils veulent, à tire-d'aile ; les pauvres vont où ils peuvent, en ramant[6]. »

Cette question des frontières permet de comprendre la continuité de l'économique au culturel dans les perceptions de la mondialisation. En effet, il n'y a pas que les capitaux, les biens et les services qui traversent les frontières, mais également les hommes. Ce sont les représentations construites autour de l'immigration qui déterminent principalement l'insécurité culturelle. Une

---

5. Daniel Innérarity, *La Démocratie sans l'État*, Paris, Flammarion, 2006.
6. Régis Debray, *Éloge de la frontière*, Paris, Gallimard, 2011, p. 75-76.

immigration crainte, classiquement, comme une concurrence économique – ce qui est pourtant très limité – et crainte, de manière plus récente et croissante, comme une menace sur la manière de vivre en société (de « faire société », dans le jargon contemporain) de ceux qui sont déjà installés à l'intérieur des frontières. Or cette crainte, sinon d'un genre totalement nouveau, du moins de plus en plus prégnante dans son expression publique, est également de plus en plus liée non tant à l'origine géographique des migrants, qu'à leur religion et à leur mode de vie.

C'est bien évidemment l'islam qui est en première ligne ici, tant au regard de la perception d'une immigration avant tout composée de musulmans que des effets de la géopolitique d'un islam radicalisé depuis une dizaine d'années.

Immigration et islam : la somme de toutes les peurs

Dans l'enquête Ipsos-Steria sur les « nouvelles fractures françaises » de janvier 2014, 66 % des personnes interrogées étaient d'accord avec la proposition selon laquelle « il y a trop d'étrangers en France » et 62 % avec celle selon laquelle, « aujourd'hui, on ne se sent plus chez soi comme avant », 59 % trouvant même que « les immigrés ne font pas d'effort pour s'intégrer en France » et 74 % estimant que l'on « peut trouver de la main-d'œuvre en France sans avoir recours à l'immigration ».

À l'occasion d'une enquête de l'IFOP en novembre 2013, « Les Français et l'immigration[7] », Jérôme Fourquet expliquait ainsi qu'on « observe, sur la question de l'immigration, un durcissement très net de la société française. Ce durcissement s'est même accéléré ces dernières années, et ce, sur toutes les questions que soulève ce débat ». Dans cette étude, seuls 37 % adhèrent encore à l'affirmation « l'immigration est une chance pour la France », contre 49 % en février 2007 ; et 67 % des sondés affirment « qu'on en fait plus pour les immigrés que pour les Français », contre seulement 40 % en avril 2006.

Une analyse dans le détail des résultats des différentes enquêtes conduit d'abord à constater le niveau élevé des attitudes de rejet de l'immigration et leur progression. Ensuite, la polarisation sociale (entre catégories socio-professionnelles notamment) et territoriale des réponses est très marquée. Enfin, et surtout, les motifs économiques, plus traditionnellement liés aux peurs pour le travail ou la sécurité sociale, sont rejoints,

---

7. IFOP-*Valeurs actuelles*, « Les Français et l'immigration », octobre 2013, http://www.ifop.com/media/poll/2393-1-study_file.pdf

dans des proportions désormais identiques, par des considérations liées au mode de vie et à leur transformation en raison de l'immigration.

Ainsi, dans l'enquête de l'IFOP de novembre 2013, pour les CSP+ (cadres supérieurs, professions libérales, artisans et commerçants...), la réponse positive sur l'immigration comme chance pour la France atteint 47 % (et elle est même de 52 % chez les cadres supérieurs et les professions libérales). En revanche, dans les CSP- (ouvriers et employés), elle n'est que de 22 %. Dans le même sens, l'affirmation « on en fait plus pour les immigrés que pour les Français » est de 61 % chez les CSP+ et de 76 % chez les CSP- (et même 80 % chez les seuls ouvriers).

D'un point de vue territorial, la réponse positive à la question sur l'immigration comme chance pour la France est de 48 % dans l'agglomération parisienne, contre 38 % dans les communes urbaines de province et 28 % dans les communes rurales. À la question « On en fait plus pour les immigrés que pour les Français ? », la réponse positive est de 59 % dans l'agglomération parisienne, 66 % dans les communes urbaines de province et 76 % dans les communes rurales.

C'est un premier indice de concordance entre des différenciations sur une base sociale et dans une perspective territoriale. L'évolution que l'on souligne ici se repère plus encore dans les réponses aux enquêtes sur les pratiques religieuses et culturelles. C'est désormais avant tout par la méfiance, voire l'hostilité, vis-à-vis de l'islam et des musulmans que passe le rejet de l'immigration. Clairement, les critères ethno-raciaux et la dénonciation des « Arabes » ou des « Africains » sont devenus secondaires au regard de la religion, c'est-à-dire l'islam.

Une enquête Tilder-Institut Montaigne pour la chaîne LCP d'avril 2013 sur les religions, le rejet de l'islam et des pratiques religieuses et culturelles qui y sont associées, le confirme massivement. 73 % des personnes sondées disent avoir une image négative de l'islam (26 % positive), alors que les autres religions recueillent une opinion très nettement positive : 87 % pour le bouddhisme, 76 % pour le protestantisme, 69 % pour le catholicisme, 64 % pour le judaïsme.

Seuls 36 % des sondés pensent que la pratique de l'islam est compatible avec les lois de la République et, à propos des pratiques associées à la religion musulmane, si 77 % des personnes interrogées jugent le pèlerinage à La Mecque compatible avec la vie en société en France, ce chiffre passe à 55 % pour la consommation de viande halal, 51 % pour la fête de l'Aïd el-Kébir, 47 % pour le jeûne du mois de ramadan, 36 % pour la réalisation de cinq prières par jour et 10 % pour le port d'un voile par les femmes dans les espaces publics.

Ceux qui s'inquiètent de l'évolution du mode de vie en raison de la présence d'immigrés et de Français d'origine étrangère de religion musulmane se font les défenseurs d'un mode de vie à la fois autochtone, libre et ouvert, dont la laïcité a fini par incarner le sens le plus précieux. Sans doute est-ce un effet des nombreux débats de ces dernières années. Sans doute la récupération lepéniste de cette thématique influence-t-elle aussi une fraction de l'opinion en ce sens.

Le rejet de la pratique religieuse ainsi exprimé se double d'un doute sur la compatibilité de l'islam avec les « valeurs de la République » et notamment avec la laïcité. Dans l'enquête Ipsos-Cevipof « Les nouvelles fractures », de janvier 2013[8], 74 % des personnes interrogées estiment que l'islam est une religion intolérante, incompatible avec le principe de laïcité notamment, et 80 % pensent que l'islam cherche au contraire « à imposer son mode de fonctionnement aux autres ».

Et toutes les enquêtes sur l'islam en France indiquent la même dégradation de l'image de cette religion. Sont mises en cause à la fois les croyances et les pratiques culturelles. Les

---

8. Ipsos, « Nouvelles fractures : la religion musulmane fait l'objet d'un profond rejet », janvier 2013, http://www.ipsos.fr/decrypter-societe/2013-01-25-nouvelles-fractures-religion-musulmane-fait-l-objet-d-profond-rejet

vêtements, entre voiles et djellabas, sont décriés, autant que les usages alimentaires, au centre desquels se trouve le hallal.

Ce rejet mêle à la fois des représentations très générales de l'islam et l'expérience vécue très directement par une partie de la population. L'islam est ainsi à la fois lié à un ensemble d'images d'actualité négatives, notamment celles de la violence terroriste et des excès des régimes soumis à la *charia* dans le monde, et à une dynamique plus localisée, en particulier dans les grandes agglomérations françaises, où la visibilité des pratiques culturelles musulmanes (construction de mosquées, demandes de salles de prières dans les entreprises, boucheries hallal, port de vêtements spécifiques, notamment pour les femmes...) s'est accrue ces dernières années.

L'opinion sur l'islam se forge ainsi dans des sources variées qui favorisent une confusion entre toutes sortes de phénomènes. Lentement s'impose l'amalgame entre islam et islamisme, entre musulmans et islamistes, entre croyants et terroristes. Les événements internationaux au Proche-Orient et en Afrique comme leurs conséquences en France (manifestations pro-palestiniennes de l'été 2014) ou encore les affaires terroristes récentes – Merah (tueries de Toulouse et Montauban en 2012), Nemmouche (tuerie au Musée juif de Bruxelles en 2014),

Gourdel (otage assassiné en Algérie en septembre 2014) – ont eu un impact considérable sur l'opinion. Chaque épisode a renforcé les stéréotypes négatifs. Ces représentations, qu'elles soient vraies ou fausses, ces amalgames et les manipulations politiques qui en découlent, sont vécus très difficilement par les musulmans eux-mêmes. L'insécurité culturelle, vécue ou ressentie, se généralise ainsi dans des populations différentes, entraînant tensions et suspicions à travers toute la société.

Une insécurité « sociétale »

Le débat sur le « mariage pour tous », les questions de genre ou encore sur les mœurs et la famille en général depuis l'automne 2012, a conduit à l'expression d'une autre forme d'insécurité culturelle. Celle-ci tient au sentiment de mise en cause de croyances et de modes de vie par les pouvoirs publics eux-mêmes. Des initiatives se voulant correctrices d'inégalités comme les politiques en faveur de la parité ou de la lutte contre les discriminations et de reconnaissance de la « diversité », de la même manière que des réformes dites « progressistes », exercent une influence ambiguë, voire paradoxale, sur l'opinion. En particulier parce qu'elles s'accompagnent d'injonctions morales et de politiques publiques en faveur de comportements minoritaires longtemps considérés comme marginaux.

Cette forme d'insécurité culturelle s'exprime, depuis deux ans, sous les traits d'un conservatisme religieux et culturel de la part de croyants de différentes familles spirituelles, au premier rang desquels on trouve, côte à côte, catholiques et musulmans. Aux protestations, parfois virulentes, des catholiques contre le « mariage pour tous » s'est en effet ajoutée récemment une contestation certes plus localisée mais tout aussi déterminée de ce que ses adversaires ont nommé la « théorie du genre » à travers les « ABCD de l'égalité » par des groupes de musulmans[9].

Fateh Kimouche, fondateur de l'influent site musulman Al Kanz, résume bien cette nouvelle situation : « On est comme des cathos de gauche pour le social. Le gamin qui mange son pain au chocolat ne peut pas le manger seul sans partager avec ses camarades ! […] On est aussi comme des cathos de droite pour ce qui relève des mœurs et de la morale, on considère que la famille est le noyau de la société […]. Le mariage gay, cela ne nous touchait pas directement. On

---

9. Voir notamment Samuel Laurent, « Mariage gay, PMA, "gender". Dix liens pour tout comprendre », *Le Monde*, 26 février 2014, http://www.lemonde.fr/societe/article/2014/02/26/theorie-du-genre-dix-liens-pour-comprendre_4372618_3224.html

n'approuvait pas, mais on est dans un pays libre et on n'a pas milité contre. Mais avec la "théorie du genre", nous avons eu l'impression qu'on touchait directement à nos enfants. Des musulmans pro-socialistes sont allés jusqu'à me confier regretter d'avoir voté Hollande ! C'est un tournant historique[10]. »

Les enquêtes sur les « valeurs » confirment l'attachement viscéral à la famille malgré les progrès, importants depuis une quinzaine d'années, de la tolérance en matière d'orientation sexuelle. Ainsi, en juin 2014, les résultats d'une enquête de CSA montraient des opinions fortement positives pour les mots « famille » (95 %) et « traditions » (84 %), contre seulement 56 % pour « mariage pour tous ».

Le travail effectué par la Fondation Jean-Jaurès à partir de l'enquête de la Sofres sur les « valeurs des Franciliens » (août 2013)[11], mettant en lumière les « valeurs » d'un groupe, représentant 12 % de l'ensemble, appelé « musulmans de gauche » (en référence aux « cathos de gauche »), c'est-à-dire composé de personnes déclarant majoritairement être musulmanes et avoir voté

---

10. Olivia Elkaim et Marie-Lucile Kubacki, « La gauche est-elle en train de perdre les musulmans ? », *La Vie*, 18 avril 2014.

11. Gilles Finchelstein, « Des musulmans de gauche », Fondation Jean-Jaurès, mars 2014, http://www.jean-jaures.org/Publications/Notes/Des-musulmans-de-gauche

à gauche aux élections de 2012, donne des résultats éclairants.

83 % des personnes interrogées appartenant à cette catégorie pensent ainsi que « l'homosexualité n'est pas une manière acceptable de vivre sa sexualité » – contre 81 % des Franciliens qui pensent, à l'inverse, que c'est le cas. L'adoption d'enfants par les couples homosexuels est rejetée à 95 % par les musulmans ayant voté à gauche, alors qu'elle est approuvée à plus de 50 % par les Franciliens. De même, 65 % de l'échantillon partagent l'idée que « la femme est faite avant tout pour avoir des enfants et les élever » (contre 25 % pour l'ensemble des Franciliens) et 45 % ne pensent pas « normal qu'une femme puisse choisir » (10 % seulement chez les Franciliens) – ces chiffres étant respectivement de 32 % et 15 % pour le groupe des catholiques pratiquants par exemple.

Comment expliquer un tel écart, sinon en prenant en compte des variables démographiques et sociales ? Car tous vivent sur le même territoire régional, l'Île-de-France, dont le libéralisme culturel constitue un élément identifiant fort. Parmi les musulmans de gauche, les jeunes de 18 à 34 ans sont plus nombreux, les catégories populaires, les ouvriers, les revenus modestes, les locataires de HLM et les habitants de banlieues aussi. Ils sont, par exemple, 90 % (contre 65 % des Franciliens) à déclarer : « Chaque mois, on se

demande comment on va faire pour tout payer. »
Mais, surtout, ce groupe est, plus que les autres, composé de pratiquants religieux, en particulier, donc, de musulmans.

Le démographe Hervé Le Bras a bien saisi la portée d'un tel phénomène à travers ce qu'il a appelé le réveil du « catholicisme zombie » contre le « mariage pour tous » : « Si le catholicisme reste présent en France, c'est de façon sous-jacente, par l'attachement à des valeurs. [...] Ces valeurs subsistent, même si on ne va plus à la messe. C'est ce type de catholicisme qui ressort dans les manifestations [contre le "mariage pour tous"] : les gens venaient en famille, avec leurs enfants, qui devaient d'ailleurs être à l'école libre[12]. »

L'insécurité culturelle prend donc ici une autre dimension : elle ne se déploie plus seulement suivant l'axe « eux-nous », à travers la désignation d'une menace à la fois économique et identitaire qui prend les traits de l'immigré ou du musulman, mais suivant un axe « conservation-progrès », dont la religion est (re)devenue le déterminant principal. Catholiques et musulmans se retrouvent ainsi en opposition aux

---

12. « Avec le "mariage pour tous", le PS a fait une erreur électorale énorme », Le Grand Entretien, *Rue 89*, 28 avril 2014, http://rue89.nouvelobs.com/2013/04/28/mariage-tous-ps-a-fait-erreur-electorale-enorme-241844

« avancées sociétales » prônées notamment par la gauche, alors même qu'ils ont pu constituer, dans le Grand-Ouest pour les premiers, et dans les grandes métropoles pour les seconds, un important réservoir électoral pour cette même gauche.

Un clivage nouveau semble se dessiner autour de questions dites désormais « sociétales » et mettant en jeu le libéralisme culturel ; un clivage qui ne se résume pas à l'opposition entre droite et gauche, même si les positionnements politiques récents l'ont en partie figé, et qui divise jusqu'à l'extrême droite elle-même. Aux progressistes, désireux de poursuivre l'émancipation individuelle par la reconnaissance juridique d'une plus grande liberté de mœurs ou d'organisation familiale, s'opposent désormais des conservateurs dont les « valeurs » sont essentiellement orientées par la foi religieuse. Ce que le journaliste anglais Ed West avait résumé d'une formule très parlante en 2010 : « "libertarian Islamophobes" vs inter-faith gay-bashers[13] » (que l'on peut traduire par : islamophobes libéraux contre homophobes de toutes les religions).

---

13. Ed West, « The Future of Right-wing politics – "Libertarian islamophobes or inter-faith gay-bashers », *The Telegraph*, 9 juin 2010, http://blogs.telegraph.co.uk/news/edwest/100042838/the-future-of-right-wing-politics-libertarian-islamophobes-or-inter-faith-gay-bashers/

Une telle complexification, récente, du paysage provoque un trouble profond dans l'ensemble des forces politiques, car elle remet en cause les manières de penser, et avec elles de combattre ou d'encourager l'insécurité culturelle.

CHAPITRE 2

Insécurités

Le mot « insécurité » lui-même est mieux compris s'il est accompagné d'un adjectif. Sinon, son sens se perd dans un flou générateur de malentendus et renvoie à une pure perception individuelle. Ainsi, dire « je me sens en insécurité » ou « je suis en insécurité » paraît peu compréhensible ou vague. Suivant les qualificatifs, l'insécurité a connu plusieurs significations successives.

Dans les années 1970, l'insécurité au sens collectif était très largement assimilée à la question des menaces pesant sur l'État. Elles émanaient dans l'ordre interne de groupuscules politiques extrémistes violents, voire terroristes, dont le but est de déstabiliser l'institution étatique ; elles entraînaient des conséquences en matière de limitation des libertés publiques et de répression policière notamment. Le rapport Peyrefitte de 1977 donne, en France, un bon aperçu de cette approche. Il introduit d'ailleurs la notion de « sentiment d'insécurité » pour la première fois dans le langage des politiques publiques[1].

Insécurité et violences urbaines

Au tournant des années 1970-1980, cette approche évolue avec l'émergence d'une définition de l'insécurité principalement par les violences urbaines et la délinquance. C'est l'époque des « émeutes urbaines » dans l'Hexagone. Le rapport Bonnemaison de 1982 intervient au moment où la décentralisation est lancée par le nouveau pouvoir et témoigne de l'importance du facteur local[2]. La politique de la ville, essentiellement dirigée vers les banlieues et les quartiers bientôt dits « sensibles », capte à partir de ce moment-là l'attention à la fois comme lieu et comme solution de l'insécurité, qu'il s'agisse de la redéfinition du cadre d'action des forces de l'ordre ou de l'éducation. La gauche sera durablement marquée par cette inflexion initiale.

---

1. « Réponses à la violence », rapport du Comité d'études présidé par Alain Peyrefitte au président de la République, septembre 1977.
2. « Face à la délinquance : prévention, répression, solidarité », rapport de la Commission des maires sur la sécurité, présidée par Gilbert Bonnemaison, au Premier ministre, décembre 1982.

À la fin des années 1980, la question de l'insécurité dans le cadre urbain connaît une nouvelle impulsion en revêtant une dimension sociale, au travers notamment de la mise en place d'une politique active de lutte contre l'exclusion, dont la mesure-phare est le revenu minimum d'insertion (RMI) en 1988. La persistance de la crise économique conduit, au début des années 1990, à prendre en compte plus étroitement cette dimension, à la fois comme explication première des comportements délinquants et comme base du sentiment d'insécurité. Les travaux du sociologue Robert Castel en témoignent[3]. C'est à lui que l'on doit notamment la distinction entre « insécurité sociale » et « insécurité civile », et la clarification des tensions de l'époque. Le clivage gauche-droite tend à s'articuler de plus en plus nettement autour de cet axe social-civil.

Tentation sécuritaire et insécurité sociale

Au début des années 2000, alors que la gauche réunie dans le gouvernement Jospin a fait un pas vers ce que certains observateurs ont appelé la « fin de l'angélisme[4] », la question sécuritaire

---

3. Robert Castel, *L'Insécurité sociale. Qu'est-ce qu'être protégé ?*, Paris, Le Seuil, 2003.
4. C'est le « colloque de Villepinte » qui se tient en octobre 1997, alors que la gauche vient d'accéder au pouvoir,

devient un enjeu politique majeur lors de l'élection présidentielle de 2002. La présence de Jean-Marie Le Pen au second tour, face à un Jacques Chirac qui a misé une bonne partie de sa réélection sur cette question, marque également l'installation dans le paysage, pour les années qui suivent, du lien entre préoccupation sécuritaire et immigration.

Sous la pression des événements internationaux à la suite du 11 septembre 2001, puis du durcissement de la crise économique, une forme de concurrence s'installe entre les deux approches de la sécurité. L'arrivée de Nicolas Sarkozy au ministère de l'Intérieur en 2002, puis, *a fortiori*, à la présidence de la République en 2007, accentue encore la division entre la compréhension sécuritaire et la compréhension sociale de l'insécurité. La droite privilégiant nettement la première et la gauche, malgré Villepinte, la seconde. En 2007, Ségolène Royal tente, à travers la notion d'« ordre juste », au cours de sa campagne présidentielle, d'apporter une réponse globale. Mais la victoire de Nicolas Sarkozy et la réduction significative du vote Front national (FN) à cette occasion apparaissent largement

---

qui est le moment-clef de cette inflexion vers une vision plus sécuritaire. Lionel Jospin y explique notamment qu'il faudra désormais « privilégier la responsabilité individuelle sur les excuses sociologiques » parce que « la sécurité est la première des libertés ».

comme une validation par les urnes de la stratégie clivante autour de l'insécurité que le chef de la droite a privilégiée. Il crée même un ministère de l'Identité nationale et de l'Immigration pour manifester son choix.

Face à la difficulté croissante d'obtenir des résultats significatifs et positifs tant sur le plan économique (notamment en raison de la crise de 2008) que du point de vue de la lutte contre la délinquance, Nicolas Sarkozy franchit, en 2009, une nouvelle étape dans sa stratégie du clivage et de la tension avec le lancement du « débat sur l'identité nationale ». Surtout, en juillet 2010, à Grenoble, dans un discours resté célèbre, il établit pour la première fois solennellement le lien entre immigration, échec de l'intégration et insécurité. L'idée est simple : tenter de récupérer une partie du vote FN acquis en 2007 en se projetant le plus loin possible sur le terrain de celui-ci. Ce terrain, c'est celui des « valeurs culturelles » selon le langage de Patrick Buisson, conseiller politique du président instigateur de cette stratégie[5]. De là vient une grande partie du malentendu autour du terme « insécurité culturelle » lui-même, parfois vu comme un produit de la

---

5. P. Buisson déclarait ainsi au *Monde* en juin 2013 : « La seule stratégie qui a fait reculer électoralement le FN, c'est celle du candidat Sarkozy en 2007, quand il s'est réapproprié les thèmes de la nation, de l'identité et du travail. »

« lepénisation » des esprits. Ce lien établi par un Nicolas Sarkozy lancé à la poursuite électorale du Front national entre difficultés économiques, délinquance et immigration étant au cœur du processus.

Politique des valeurs et question « sociétale »

L'échec électoral de Nicolas Sarkozy en 2012 ne met pas pour autant un terme au lien établi entre discours sécuritaire et rejet des immigrés. D'abord parce qu'une partie de la droite (la motion de la « Droite forte » de Guillaume Peltier et Geoffroy Didier arrivée en tête au congrès de l'UMP en novembre 2012, mais aussi les candidats à la présidence du mouvement Jean-François Copé et François Fillon) a repris, sans transition, le flambeau ; ensuite parce que le FN, sous la conduite de Marine Le Pen, a démontré, par son résultat de 2012, puis à travers un certain nombre de partielles depuis, qu'il progresse en grande partie grâce à un discours de ce type ; enfin parce que la gauche de manière générale (qu'elle soit au pouvoir ou dans une posture critique) joue parfaitement son rôle en tombant systématiquement dans le piège de la « politique des valeurs » – qu'elle rejette en théorie au nom de la prévalence de l'économique et du social dans la compréhension de la société, mais dont elle fait un usage instrumental intensif dès lors qu'il s'agit de mettre en œuvre ses propres réformes « sociétales ».

L'insécurité culturelle peut dès lors être comprise, à première vue, comme une manière de décaler, en le complexifiant, le débat sur l'insécurité tel qu'il s'est déroulé jusqu'ici, entre insécurité économique et insécurité sécuritaire. Dans ce sens, il s'agit à la fois de constater le résultat d'une stratégie politique explicite et de souligner combien les oppositions partisanes sont factices pour lire les mutations de la France depuis trente ans.

La question se pose alors de savoir si l'approche par l'insécurité culturelle permet de mesurer ou même de déceler quelque chose de différent ou de nouveau dans la société française.

Réalité ou sentiment d'insécurité ?

L'insécurité culturelle est difficilement réductible tant à un simple « sentiment » qu'à une « réalité » qui serait immédiatement repérable grâce à des outils scientifiques infaillibles.

Le débat entre sentiment et réalité de l'insécurité s'est cristallisé autour de l'insécurité « sécuritaire » au tournant des années 2000, en particulier à propos de la sociologie de la délinquance et de la jeunesse. Il a mis aux prises deux visions antagonistes. Celle d'une insécurité qui serait d'abord et avant tout un ressenti de la part de la population, et qui s'exprimerait à travers des représentations[6] construites notamment par les médias[7] et véhiculées par les responsables politiques soucieux de « manipuler la peur » afin d'imposer leurs idées en la matière, répressives et hostiles à l'immigration notamment. Et celle qui considère que les réactions, parfois violentes, à l'insécurité des personnes et des biens sont fondées sur une réalité tangible[8].

---

6. Depuis sa première conceptualisation par Émile Durkheim en 1898 (notamment dans son article célèbre « Représentations individuelles et représentations collectives », *Revue de métaphysique et de morale*, t. VI, mai 1898, p. 273-302), la question des représentations sociales a donné lieu à de très nombreux débats au sein des sciences sociales. On en trouve un bon aperçu d'ensemble, surtout dans une perspective de psychologie sociale, dans Denise Jodelet (dir.), *Les Représentations sociales*, Paris, PUF, 1997 (1ère édition).

7. Les médias jouent un rôle majeur dans la formation de telles représentations. Un rôle sans doute accentué ces dernières années par l'émergence d'un marché médiatique à la fois plus diversifié dans son offre (chaînes d'information continue, chaînes internationales dans différentes langues...) et ses supports (Internet, blogosphère, réseaux sociaux, multiplication des écrans numériques...).

8. On pourra se reporter utilement aux ouvrages des principaux protagonistes de ce débat, pour la première position, Laurent Mucchielli, *Violences et insécurité. Fantasmes et réalités dans le débat français*, Paris, La Découverte, 2002, et pour la seconde, Alain Bauer et Xavier Raufer, *Violences et*

Cette manière de poser le débat, entre tenants de l'insécurité-réalité et de l'insécurité-sentiment, conduit néanmoins à une difficulté, celle de l'usage politique que l'on peut en faire. D'abord parce que la question de la mesure de l'insécurité ou de son sentiment est d'une complexité méthodologique dont personne ne peut revendiquer ni le monopole ni la certitude, et qu'il y a toujours des visées sinon idéologiques, du moins politiques, sous-jacentes dans telle ou telle approche. Ensuite parce que, lorsque des citoyens s'expriment à travers un vote ou un sondage d'opinion, la distinction entre réalité et perception de la réalité, si construite, manipulée et fausse soit-elle, s'estompe. Seul compte le fait : une réponse, un vote, une parole, un acte...

Un spécialiste de sciences sociales, un journaliste ou un responsable politique peut éprouver une grande jubilation quand il parvient à démontrer que les croyances ou les idées des citoyens sont sans rapport avec la réalité objective de leur situation, cela n'empêchera pas les électeurs de conserver leur point de vue. Une telle approche, en surplomb, peut même produire un effet pervers, *a fortiori* si elle est teintée d'une forme de reproche moral ou de mépris social. Les trente dernières années ont précisément vu nombre de

---

insécurité urbaines, Paris, PUF, Que sais-je ?, 1998 (1ère édition).

chercheurs, d'experts, de journalistes, de dirigeants politiques s'engager publiquement contre le FN en expliquant aux électeurs ou aux sympathisants de ce parti qu'ils se trompaient, voire qu'ils étaient racistes ou xénophobes. Ils ont voulu dénoncer cette « erreur » avec véhémence. Force est de constater que ce genre de réaction a eu une efficacité très limitée politiquement.

Le vote FN est en effet souvent justifié par ses électeurs comme le résultat d'un sentiment d'insécurité directement exprimé. Certains observateurs ont noté, depuis des années, que cette perception et les représentations qui en découlent ne correspondaient pas à la réalité de la situation des personnes interrogées. L'exemple classique étant que le vote FN peut être faiblement corrélé à la présence de personnes d'origine étrangère dans l'entourage (quartier, ville...) des personnes interrogées.

La polémique qui a eu lieu à l'automne 2013 sur le fait de savoir si le FN est ou non un parti d'extrême droite est une des illustrations les plus récentes de cette question. On a ainsi pu constater que sa manipulation médiatique par Marine Le Pen a entraîné, comme souvent, une bonne partie de la gauche et de la droite dans le piège. Quel a été l'effet de déclarer, plus ou moins solennellement, que le FN est d'extrême droite ? Est-ce que le nommer ainsi l'a fait reculer électoralement ou a fait reculer ses idées dans la société française ? Ou bien est-ce que le temps passé en déclarations et en colloques plus ou moins savants sur ce thème ne lui a pas apporté finalement la publicité recherchée ?

Négliger cet effet de rejet du jeu politique partisan, de la « classe politique » et de ses déclarations stéréotypées ou réflexes, est sans doute l'une des erreurs les plus courantes de l'analyse politique contemporaine. Elle est d'ailleurs commise, avec une application étonnante parfois, aussi bien par des responsables politiques, des journalistes que des experts ou des chercheurs !

Pour le dire d'un mot, peu importe si ce qui motive un vote est une représentation objectivement fausse de la réalité. Dès lors que ce vote se produit, c'est lui qui détermine un résultat politique et qui crée donc une réalité objective pour l'analyste comme pour le « décideur » politique. C'est à partir de lui que l'analyse du réel doit se déployer et non des intentions supposées. Il appartient bien sûr aux chercheurs, aux journalistes ou aux responsables politiques de limiter de tels effets par la pédagogie, mais ceux-ci existent, et nous intéressent ici au premier chef.

Dire « sentiment » d'insécurité plutôt qu'insécurité sera sans doute plus précis, sinon plus exact, mais finalement beaucoup moins opératoire politiquement et analytiquement. On notera d'ailleurs, au passage, que l'évocation d'un « sentiment d'insécurité » n'a pas empêché les tours de vis sécuritaire en réponse à celui-ci plutôt qu'à une « réalité » quelconque, et ce depuis le rapport Peyrefitte de 1977. L'insécurité fonctionne, de fait, comme un *continuum*, entre sentiment et réalité.

Ainsi une représentation, vraie ou fausse, de l'insécurité mêle-t-elle le plus souvent à la fois : un aspect économique et social (ce sont les populations les plus fragilisées par les effets de la mondialisation et par la crise qui s'expriment sur l'insécurité et se sentent le plus directement concernées) ; un facteur strictement « sécuritaire » dans la mesure où la violence sociale et la petite délinquance concernent au premier chef les plus démunis, à travers le schéma de la « guerre entre pauvres » ; et, finalement, un aspect culturel puisque ces mêmes populations attribuent le plus souvent leurs difficultés économiques et cette violence aux immigrés, notamment les plus récents, supposément les moins intégrés.

CHAPITRE 3

Quand on entend le mot « culture »...

Le mot « culture » tel que nous l'utilisons ici vient du langage savant, celui des sciences sociales. Il s'agit de comprendre l'homme avant tout comme être de culture, par opposition à son caractère d'être naturel ou biologique. La culture en ce sens est composée d'éléments objectifs (modes de vie) et subjectifs (modes de pensée), constitutifs de la vie humaine en société. Des éléments qui revêtent des significations différentes selon leurs contextes d'élaboration. La culture est, ainsi, le témoignage à la fois d'une unité anthropologique de l'homme et de sa diversité quasi infinie, puisqu'elle peut se prolonger jusqu'à l'individualité même[1]. Le rapport à la « civilisation », avec laquelle la culture a longtemps et

---

1. Voir, sur le sujet, la synthèse de Denys Cuche, *La Notion de culture dans les sciences sociales*, Paris, La Découverte, 1996, et pour une approche plus compréhensive des enjeux de l'usage de la culture en sciences sociales, Richard Münch

souvent été confondue, permet d'en préciser le sens, dynamique : « Si la civilisation est à base d'accumulation et de progrès, la culture – nous rappelait Paul Ricœur dans *Histoire et vérité* – repose sur une loi de fidélité et de création. Loin de considérer avec suffisance l'apport des siècles passés comme un dépôt intangible, elle donne lieu à toute une série de réinterprétations possibles qui, en retour, la maintiennent, la consolident ou l'actualisent, tradition et innovation n'étant pas antinomiques mais complémentaires[2]. »

Il faut toutefois aller au-delà de cette définition de la culture pour bien saisir les enjeux de la notion d'insécurité culturelle. Deux logiques nées à la même époque et dans le même contexte historique, celui des années 1960-1970, se combinent pour conférer à la « culture » une détermination propre dans l'explication des faits, comportements et phénomènes sociaux. Il s'agit du « tournant identitaire » et des *cultural studies*. Elles permettent de mieux comprendre d'où viennent les premiers usages de l'insécurité culturelle.

---

et Neil Smelser (dir.), *Theory of Culture*, Berkeley, University of California Press, 1992.

2. Gilles Ferréol, « Culture », *in* Pierre-André Taguieff (dir.), *Dictionnaire historique et critique du racisme*, Paris, PUF, 2013, p. 411.

Le tournant identitaire

C'est dans le cadre d'une relation étroite qui s'est établie depuis une quarantaine d'années entre les deux termes « culture » et « identité » que se situent les questions d'insécurité. On suivra d'ailleurs, de ce point de vue, Denys Cuche : « Aujourd'hui, les grandes interrogations sur l'identité renvoient fréquemment à la question de la culture. On veut voir de la culture partout, on veut trouver de l'identité pour tous. On dénonce les crises culturelles comme les crises d'identité [...], la mode identitaire récente est le prolongement du phénomène d'exaltation de la différence qui a surgi dans les années soixante-dix et qui a été le fait de mouvances idéologiques très diverses, voire opposées, qu'elles aient fait l'apologie de la société multiculturelle, d'un côté, ou, au contraire, du "chacun chez soi pour rester soi-même", de l'autre côté[3]. »

L'adjectif « culturel » que l'on emploie dans « insécurité culturelle » est donc une manière de voir la société à travers le prisme du « tournant identitaire[4] » qui a eu lieu à partir des années

---

3. D. Cuche, *La Notion de culture...*, *op. cit.*, p. 83.

4. On a défini plus précisément cette expression, forgée à partir du contexte américain, en référence notamment au « tournant linguistique » chez Ludwig Wittgenstein, dans « Le tournant identitaire américain. Du "pluralisme-diversité" au "pluralisme-différence" », in Denis Lacorne (dir.), *Les États-Unis*, Paris, Fayard-CERI, 2006, p. 233-244.

1960-1970, et qui a transformé une grande partie des relations sociales et politiques. C'est un cadre d'analyse qui permet, d'une part, de repérer des dimensions multiples et plus complexes de la vie sociale et des comportements politiques, ce qui affine incontestablement l'analyse politique en la nourrissant d'éléments souvent négligés ou minorés. Il éclaire mieux, d'autre part, l'articulation entre « social » et « culturel », entre identité sociale et identité culturelle.

Après ce tournant, dans l'ensemble des grandes démocraties s'affichent, au premier plan, des différences identitaires culturelles (genre, origine ethno-raciale, préférence sexuelle, religion, appartenance régionale...), là où, dans la période précédente, comptait avant tout la diversité des intérêts et des rapports de force économiques et sociaux, sur le mode marxiste. Cette irruption de la différence comme figure dominante de l'identité individuelle et sociale a été d'autant plus rapide et violente que les individus et les groupes sociaux et culturels qui s'en réclament avaient jusqu'alors été largement ignorés, marginalisés ou dominés dans la société. Ce sont les « minorités[5] ».

---

5. Le philosophe canadien Will Kymlicka distingue cinq types de minorités dans les sociétés multiculturelles, en croisant trois critères : la concentration ou la dispersion territoriale des minorités dans une société donnée, le caractère volontaire ou non de l'inclusion d'une minorité dans la société en question (l'esclavage et la colonisation s'opposant à l'immigration par

Ce changement est ainsi l'occasion d'une immense bataille culturelle engagée par des groupes érigés désormais en autant de groupes revendicatifs sur la scène sociale. Des minorités qui combattent davantage au nom de la reconnaissance de leur spécificité identitaire et de leurs différences que de leur inclusion dans la société telle qu'elle est. Seyla Benhabib résume cette interrogation en mettant l'accent sur les acteurs de cette transformation :

---

exemple) et le caractère ethnique ou non ethnique du critère d'identité mis en avant (les Noirs étant, par exemple, opposés aux femmes ou aux homosexuels selon cette distinction). Les cinq situations que l'on peut identifier à partir de cette typologie sont : des minorités à forte concentration géographique qui se sont « incorporées » volontairement à une collectivité nationale (cas de la Suisse et du Canada) ; des minorités à forte concentration géographique mais « incorporées » de force à la collectivité nationale (cas des « Indiens », et plus généralement des populations aborigènes) ; des minorités à faible concentration territoriale, adhérentes volontaires et de caractère ethnique (cas des immigrés dans les pays occidentaux et des réfugiés politiques, comme par exemple les hispanophones aux États-Unis) ; des minorités à faible concentration territoriale mais incorporées involontairement à une collectivité nationale et de caractère ethnique (cas typique des Noirs américains descendants des esclaves) ; des minorités à faible concentration géographique et volontaires, mais dont la distinction principale concerne le caractère non ethnique de l'identification, et dont le statut de minorité tient à une discrimination à partir de critères imputés ou revendiqués comme distinctifs (cas des femmes et des homosexuels par exemple). Will Kymlicka, *La Citoyenneté multiculturelle. Une théorie libérale du droit des minorités*, Paris, La Découverte, [1995], 2001.

« À travers l'expérience des nouveaux mouvements sociaux, des transformations majeures sont apparues dans la nature des questions définies comme questions politiques. Les combats pour la richesse, les places politiques et l'accès qui ont caractérisé la politique bourgeoise et de la classe ouvrière tout au long du XIXe siècle et de la première moitié du XXe ont été remplacés par des combats pour l'avortement et les droits des homosexuels, à propos de l'écologie et des conséquences des nouvelles technologies médicales, et par la politique de la fierté raciale, linguistique et ethnique (communément désignée dans le contexte américain comme la politique de la "Coalition Arc-en-Ciel"). Ces nouvelles questions ont été portées par de nouveaux acteurs politiques : à la place des partis politiques, il y a eu un tournant vers des mouvements politiques et des groupes informels d'activistes féminines, de gens de couleur, d'individus homosexuels, et de citoyens concernés[6]. »

Ce « tournant identitaire » a ainsi conduit d'un modèle classique d'appréhension des modes de distribution de la richesse économique et des pouvoirs politiques et sociaux à un modèle nouveau, sinon prévalent, fondé sur la primauté de la manière de définir et d'affirmer une identité,

---

6. Seyla Benhabib, « Introduction », in *id.* (dir.), D*emocracy and Difference. Contesting the Boundaries of the Political*, Princeton, Princeton University Press, 1996, p. 4.

individuelle ou collective, de nature culturelle, sur la place publique. Les sociétés occidentales sont passées dans ces années-là « d'une économie de la distribution à une grammaire des formes de vie », selon l'expression très suggestive du philosophe allemand Jürgen Habermas[7].

Un tel tournant n'efface bien évidemment pas la question sociale. Il conduit toutefois à la formuler dans des termes différents, renouvelés. La préoccupation identitaire, suscitée par les minorités, ne fait pas disparaître les questions traditionnelles autour du thème de la redistribution des richesses par exemple, surtout que la crise économique est venue frapper les sociétés qui ont vécu ce tournant dans le même moment historique. Elle y ajoute une dimension symbolique, devenue plus pressante dans la société moderne, à côté de la dimension matérielle, sans que l'une puisse être séparée de l'autre, que ce soit analytiquement ou pour les acteurs eux-mêmes.

Ainsi, d'un point de vue sociologique, une société qui fonctionne de manière plus visible sur un mode d'exclusion-inclusion ne fait pas pour autant disparaître les processus de domination et les questions de pouvoir entre les individus et les groupes sociaux. Elle ouvre plutôt le champ à des stratégies politiques à géométrie variable.

---

7. Jürgen Habermas, « Dialectics of Rationalization : An Interview », *Telos*, n° 49, automne 1981, p. 5-33.

Ce tournant identitaire, à travers le mouvement de différenciation et de complexification qu'il imprime, apparaît donc également comme une manière nouvelle de combiner des approches sociologiques qui se sont souvent définies en opposition[8].

L'apport des Cultural Studies

C'est à ce point précis que l'on rencontre la seconde source d'inspiration à l'origine d'une analyse d'insécurité culturelle : les *Cultural Studies*, nées également au tournant des années 1960-1970, mais en Angleterre et non aux États-Unis cette fois[9]. Ce qui est intéressant ici, avant tout chez les premiers auteurs qui ont fondé et étayé ce mouvement (chez Richard Hoggart

---

8. Voir notamment le résumé que donne Pierre Bourdieu de cette imbrication des deux dimensions sociale et identitaire dans *Raisons pratiques. Sur la théorie de l'action*, Paris, Le Seuil, 1994, chapitre premier, « Espace social et espace symbolique », p. 15-29.

9. L'appellation anglophone est indispensable, car, outre qu'il s'agit d'un mouvement né en Angleterre, la traduction par « études culturelles » induit une erreur d'interprétation, celles-ci ayant leur spécificité en France – les deux traditions étant d'ailleurs difficiles à concilier, même si les passerelles sont aujourd'hui nombreuses. Voir, sur ce point, Bernard Darras (dir.), *Études culturelles et* Cultural Studies. *Médiation et informations*, n° 24/25, 2007.

bien sûr, mais surtout chez Stuart Hall)[10], c'est la possibilité d'une compréhension plus fine de la société et de la politique (à la fois anthropologique et sociologique) à travers différents modes de représentations culturelles (les médias au premier chef, mais pas seulement). Outre le déport de l'outillage marxiste à travers l'accent mis sur la « superstructure » pour éviter le risque de l'économisme déjà souligné par Antonio Gramsci (celui d'une compréhension des rapports sociaux purement indexée sur les rapports de force dans la production, l'« infrastructure » dans le langage marxiste), l'intégration des représentations comme élément pleinement éligible dans l'explication des rapports sociaux ouvre de nombreuses perspectives à l'étude des comportements politiques contemporains[11].

---

10. *La Culture du pauvre* et *33 Newport Street* (autobiographie intellectuelle de Richard Hoggart) ont été traduits en français aux éditions de Minuit. La traduction des articles de Stuart Hall est disponible en deux volumes sous le titre *Identités et cultures* aux éditions Amsterdam (2007 et 2013).

11. Qu'il s'agisse, à titre d'exemples, de l'« effet idéologique » de la culture et des médias à partir de la notion d'hégémonie gramscienne (Stuart Hall), des « conflits subculturels » (Phil Cohen) ou encore des problématiques liées à la « réception » par différents publics abordées par David Morley notamment. Un bon aperçu de ces approches est disponible en français dans Hervé Glevarec,

Appuyer ainsi l'hypothèse d'une insécurité culturelle sur des approches de ce type, encore en partie étrangères aux sciences sociales françaises, est indispensable. Ne serait-ce qu'en raison du risque que représente, *a contrario*, tout usage social et politique de la culture : celui du culturalisme[12], dans lequel tombent si souvent et si fréquemment acteurs, commentateurs et observateurs du débat public aujourd'hui. Il conduit à réduire des individus, des groupes, des comportements à un déterminisme culturel, quelle que soit sa nature : ethno-racial, religieux, de genre, régional, linguistique, etc. Il débouche sur une forme d'assignation identitaire, voire d'essentialisme, sur ce « marquage fatal de toute différence culturelle, ethnique, sexuelle ou sociale, sous forme de stéréotypes discriminatoires, sommaires ou contraignants[13] ». Le culturalisme renvoie, dans une sorte de ping-pong incessant, à travers la stigmatisation et la

---

Éric Macé et Éric Maigret, *Cultural Studies. Anthologie*, Paris, Armand Colin, 2008.

12. Le culturalisme étant *stricto sensu*, avant de représenter une dérive possible, une approche anthropologique née aux États-Unis au milieu du XXe siècle dans le sillage de Franz Boas (chez des auteurs comme Ruth Benedict et Margaret Mead notamment) consistant à montrer qu'une culture particulière façonne très largement ses membres sans qu'ils puissent y échapper.

13. Marc Angenot, *Ce que l'on dit des Juifs en 1889. Antisémitisme et discours social*, Vincennes, Presses universitaires de Vincennes, 1989, p. 151.

discrimination qui le caractérisent, d'une vision identitaire à l'autre : des « musulmans » aux « petits Blancs », par exemple, dans le débat public de la France des années 2010, empêchant le déploiement de ce qui relève, par contraste, du politique.

Or c'est précisément pour mettre en évidence ce biais culturaliste dans les pratiques politiques, pour en dénoncer à la fois l'usage et les dangers, que l'on a choisi de travailler, de plain-pied, à partir du terme d'« insécurité culturelle » ; et certainement pas pour le valider ou pour le promouvoir. Et ce, malgré les incertitudes et les risques qu'il représente, dont nous sommes pleinement conscients. L'origine du terme est d'ailleurs elle-même antérieure à l'usage que l'on entend en faire ici et d'autres auteurs y ont déjà fait plus ou moins directement référence ces dernières années.

Premiers usages

C'est vraisemblablement le géographe Christophe Guilluy qui est à l'origine de cette expression. On lui reconnaîtra volontiers cette paternité, faute d'avoir pu trouver une autre source préalable et originale de l'expression. Il la revendique en tout cas explicitement dans son dernier ouvrage, *La France périphérique*, en la nommant d'ailleurs, étrangement, « concept » : « Partant du constat que la question sociale se double d'une question culturelle, nous avons créé le concept d'"'insécurité culturelle" au début des années 2000 pour décrire le ressenti des catégories populaires confrontées à l'intensification des flux migratoires dans le contexte nouveau de l'émergence d'une société multiculturelle[14]. » On verra plus loin l'utilisation qu'il en a fait dans son propre travail.

Dans *Le Descenseur social*, en 2006, Alain Mergier et Philippe Guibert ont mis en exergue, à partir d'une analyse du vote des catégories populaires aux élections récentes, les mutations politiques de cet électorat au regard des périodes précédentes. Mais l'apport de leur enquête réside surtout dans le retournement, au sein des milieux populaires, des perceptions de l'État et des garanties qu'il offrait jusqu'ici, qu'il s'agisse de protection ou de mobilité sociale par exemple. Pis, il participerait désormais à l'insécurité grandissante dont témoignent les personnes interrogées dans l'enquête, qu'il s'agisse d'insécurité économique et sociale, d'insécurité « sécuritaire » ou d'insécurité culturelle, celle qui est mise en évidence à travers « l'échec de l'intégration » notamment[15].

---

14. Christophe Guilluy, *La France périphérique. Comment on a sacrifié les classes populaires*, Paris, Flammarion, 2014, p. 153.
15. Philippe Guibert et Alain Mergier, *Le Descenseur social. Enquête sur les milieux populaires*, Paris, Plon-Fondation Jean-Jaurès, 2006.

Une autre enquête sociologique, *La France des petits-moyens*, réalisée à Gonesse, dans la région parisienne, en 2003-2004 puis en 2006-2007, confirme et développe un tel constat[16]. Notamment que l'arrivée de familles étrangères (turques) dans le quartier entraîne une cohabitation difficile, sur fond de différences à la fois sociales et culturelles. Ces difficultés doivent se comprendre par la hantise d'un déclassement des familles vivant de longue date dans ce quartier pavillonnaire, et pour lesquelles ce type d'habitat représentait une ascension sociale au regard des « cités ». Ces formes d'insécurité expliquant, aux yeux des auteurs, l'orientation politique à droite du vote de ces « petits-moyens » – terme d'autodésignation par l'une des personnes interrogées.

La dimension territoriale et géographique d'une telle évolution a été particulièrement mise en avant ensuite par Christophe Guilluy dans son livre *Fractures françaises* en 2010[17], dans lequel il montre notamment la manière dont la double coupure populiste à laquelle on faisait référence plus haut, « haut-bas » et « eux-nous », s'inscrit dans le paysage urbain et périurbain – un terme dont il va assurer le succès médiatique. Il montre

---

16. Marie Cartier, Isabelle Coutant, Olivier Masclet et Yasmine Siblot, *La France des « petits-moyens ». Enquêtes sur la banlieue pavillonnaire*, Paris, La Découverte, 2008.

17. Christophe Guilluy, *Fractures françaises*, Paris, François Bourin, 2010.

en particulier combien les « banlieues » ont été le point quasi unique de focalisation des politiques publiques « de la ville » et des médias depuis une trentaine d'années, alors qu'elles ne sont pas les seules zones dans lesquelles se sont développées les trois insécurités. Ce hiatus politique étant devenu, à ses yeux, l'un des vecteurs privilégiés du vote en faveur du FN.

L'anthropologue Jean-Loup Amselle, fortement critique du culturalisme, a mis en évidence une évolution vers ce qu'il appelle un « multiculturalisme à la française », en constatant en particulier la « disparition du social » dans les préoccupations des élites et des médias au profit de ce qui est lié au « culturel » – en raison à la fois des effets de la mondialisation économique et du repli identitaire qu'elle implique comme réaction[18]. Il s'agit d'une manière de comprendre l'évolution nationale récente proche de celle que nous mettons en avant ici.

C'est d'ailleurs une vision très similaire à celle, plus large, que défend de longue date le philosophe Jean-Claude Michéa, en s'appuyant notamment sur des auteurs tels que George Orwell ou Christopher Lasch[19]. Cette généalogie

---

18. Jean-Loup Amselle, *L'Ethnicisation de la France*, Fécamp, Lignes, 2011.
19. Jean-Claude Michéa, *Le Complexe d'Orphée. La gauche, les gens ordinaires et la religion du progrès*, Paris, Climats, 2011.

intellectuelle qui, par-delà les frontières, de l'Angleterre des années 1930-1940 à la France contemporaine en passant par les États-Unis des années 1970-1980, correspond à une préoccupation que l'on fait nôtre : le glissement des préoccupations des élites, du social au culturel, est toujours défavorable aux classes populaires et, accessoirement, mortifère pour la gauche.

Dans leur enquête sur les ressorts du « vote FN en milieu populaire » de 2011[20], le sondeur Jérôme Fourquet et le sociologue Alain Mergier ont plus clairement encore mis au jour ce qui est sous-jacent dans l'évolution évoquée plus haut et qui forme le point de départ de l'hypothèse de l'insécurité culturelle. C'est d'ailleurs dans leur travail qu'elle trouve sa formulation en l'état. Ils reviennent d'abord sur la place du terme « insécurité » dans l'expérience des catégories populaires : « Non seulement le terme d'insécurité est récurrent dans tous les discours des milieux populaires, mais il joue une fonction centrale dans la construction de la relation que ces milieux entretiennent avec le monde. L'insécurité n'est pas un aspect particulier de l'expérience des catégories populaires. L'insécurité est l'élément

---

20. Jérôme Fourquet et Alain Mergier, « Le point de rupture. Enquête sur les ressorts du vote FN en milieux populaires », Fondation Jean-Jaurès, août 2011, http://www.jean-jaures.org/Publications/Essais/Le-point-de-rupture

qui structure cette expérience. La récurrence de ce thème n'est pas déterminée par les discours sécuritaires de l'offre politique de l'extrême droite ou de Nicolas Sarkozy. Certes, les discours populistes et électoralistes exploitent cette question et, certes, cette exploitation amplifie l'inquiétude[21]. »

Ils précisent alors ce qui apparaît comme l'expression même d'une insécurité culturelle par les personnes qu'ils ont interrogées à propos de l'immigration et de l'islam : « Dans les quartiers à forte population immigrée, les milieux populaires ont l'impression que les codes et les valeurs dominantes ne sont plus les mêmes et que les nouveaux arrivants ont imposé aujourd'hui de nouvelles normes. C'est notamment le cas en matière vestimentaire [avec le voile "islamique"] mais aussi, de manière plus récente, en matière alimentaire avec la visibilité grandissante des commerces et produits hallal qui se diffusent y compris jusque dans les cantines scolaires ou la restauration[22]. »

La directrice du *think tank* britannique Counterpoint, Catherine Fieschi, a quant à elle bien souligné, autour de l'idée de *cultural anxiety*, l'importance d'une prise en compte globale des facteurs explicatifs dans l'analyse du néopopulisme : « Séparer les préoccupations économiques et culturelles à propos de l'immigration prive la

---

21. *Ibid.*, p. 38.
22. *Ibid.*, p. 46.

gauche de toute possibilité de prendre en compte l'anxiété des citoyens. Les formes du populisme d'extrême droite qui émergent en Europe nous rappellent combien culture et économie peuvent se combiner en une puissante expression des enjeux de classe[23]. »

Le politologue Luc Rouban a récemment mis en évidence certaines transformations du vote, qui confirment cette évolution d'ensemble et alimentent fortement l'hypothèse d'une insécurité culturelle pour en expliquer les motivations profondes. C'est le cas, par exemple, dans sa contribution sur le « vote privatif[24] », qui montre qu'en vingt-cinq ans (de l'élection présidentielle de 1988 à celle de 2012) ce qu'il appelle les « intérêts privés » (variables telles que la religion, la génération ou le patrimoine) a pris le pas sur les « intérêts collectifs » (statut économique, CSP) dans la détermination du vote. L'une des principales caractéristiques de cette transformation étant qu'elle vient du délitement du « vote de classe » tel qu'on pouvait l'observer traditionnellement, l'autre que la religion a pris une place

---

23. Catherine Fieschi, « Cultural anxiety, class and populism », *Counterpoint*, juillet 2012, http://counterpoint.uk.com/media-centre/cultural-anxiety-class-and-populism/

24. Luc Rouban, « Du vote de classe au vote privatif », Cevipof, *Les enjeux : élections 2014*, n° 1, octobre 2013, http://www.cevipof.com/rtefiles/File/ELECTIONS%20MUNICIPALES/note%20Luc%20ROUBAN%20.pdf

prépondérante. À ses yeux, le succès du FN peut aisément se lire comme le résultat d'une telle évolution : « Le succès actuel du Front national peut se comprendre au regard de cette anomie politique qui s'étend à mesure qu'une part croissante des électeurs semble hors-jeu ou hors-système. Les analyses électorales révèlent d'ailleurs toute une "périphérie" statistique plus ou moins atypique, qui ne trouve pas de place dans la restitution très normée de la vie sociale[25]. »

Le même Luc Rouban a également confronté, à l'occasion des élections européennes de 2014, un « indice d'intranquillité » aux peurs liées à l'Europe (immigration, identité nationale, rôle de la France...) dans différentes catégories de la population française. Il montre à cette occasion le poids déterminant des facteurs culturels et identitaires : « Derrière le sentiment de la vulnérabilité économique, figure cependant un autre sentiment : celui de l'insécurité, personnelle et sociale, une forme généralisée "d'intranquillité" recouvrant autant la défiance que l'on a dans les autres que celle que l'on exprime vis-à-vis des institutions ou de son environnement. » Et une telle « intranquillité » est particulièrement observable, là encore, dans les catégories populaires[26].

---

25. Luc Rouban, entretien au *Monde*, 5 novembre 2013.
26. Luc Rouban, « Le clivage européen ou l'intranquillité politique », Cevipof, *Les enjeux : élections européennes 2014*,

L'ensemble de ces approches traduit un questionnement récurrent. Ces auteurs d'horizons intellectuels variés montrent combien les facteurs symboliques, idéologiques et, donc, culturels travaillent la société française. Ils disent combien l'action sur ce terrain nécessite de penser le social autrement.

---

n° 2, mai 2014, http://www.cevipof.com/fr/les-publications/notes-de-recherche/bdd/publication/1225

CHAPITRE 4

Une affaire sociale

L'insécurité culturelle prend corps, d'abord et avant tout, au sein de certaines populations. Le trait commun à ces populations tient à la fragilité de leur position ou de leur situation dans l'espace social. On y trouvera donc aussi bien celles qui sont désignées, dans les médias notamment, comme « minorités » que celles qui le sont comme « catégories populaires ».

C'est en effet là que l'on peut observer les représentations les plus aiguës de l'insécurité culturelle, appuyées sur une sensibilité plus grande à la mise ou à la remise en cause de la situation relative de ces groupes sociaux au regard de l'ensemble de la société et vis-à-vis d'autres populations. Une telle sensibilité s'amoindrit à mesure que l'on monte dans l'échelle sociale. Cette approche permet de repérer et de situer socialement les représentations dont il a été question dans les chapitres précédents, celles qui contribuent à déterminer les attitudes politiques.

Minorités et catégories populaires

La situation des « minorités[1] » est bien connue et abondamment étudiée. C'est particulièrement le cas depuis le « tournant identitaire » et dans le cadre des *Cultural Studies* mentionnées plus haut. L'insécurité culturelle se déploie pourtant aujourd'hui suivant des logiques nouvelles, comme, par exemple, au sein de populations chez lesquelles la religion et la culture traditionnelle jouent, à nouveau, un rôle majeur, mais qui doivent faire face à la modernisation des formes et des contours de la vie familiale.

L'insécurité culturelle ressentie ou vécue par des populations non minoritaires selon les critères du multiculturalisme, et dont les caractéristiques

---

1. Outre les deux types classiques de minorités, indigènes et nationales d'une part, immigrantes de l'autre, les sociétés contemporaines ont vu émerger, à l'occasion du « tournant identitaire » des années 1960-1970 (décolonisation, nouveaux mouvements sociaux...), des minorités qui renvoient directement à la définition d'un multiculturalisme contemporain fondé sur la mise en avant d'un critère d'identité « culturelle » discriminé et autour duquel s'organise la revendication de droits et d'une reconnaissance : Noirs américains, femmes, homosexuels... Voir plus haut chapitre 3, note 5 et notre article « Minorités » in P.-A. Taguieff (dir.), *Dictionnaire historique et critique du racisme*, *op. cit.*, p. 1109-1112.

principales seraient avant tout sociales (CSP-, faible niveau de revenus, faible niveau de diplôme, habitat à distance des grands centres urbains…), est un phénomène moins connu et moins étudié. On peut néanmoins le constater dans les écarts relevés dans les enquêtes d'opinion ou lors des élections, à travers la ventilation par variable sociale ou par zone d'habitation. Les études à ce propos se sont multipliées ces dernières années. Un des enseignements que l'on peut en tirer tend à une reformulation possible de certaines motivations politiques de la part de ces populations, à travers des phénomènes en nette progression, comme l'abstention ou le vote FN.

C'est dans un double mouvement, d'un type de population vers l'autre et des déterminants sociaux vers des déterminants culturels, que réside le caractère original de l'insécurité culturelle comme variable explicative en politique.

On trouve les premiers éléments constitutifs d'une approche de cette double translation chez certains auteurs néerlandais. Sans doute parce que les Pays-Bas ont été confrontés très tôt, dès le début des années 2000, à un phénomène électoral néopopuliste mettant en jeu, de manière plus marquée qu'ailleurs, l'insécurité culturelle[2].

---

2. Voir, en particulier, Paul Scheffer, *Het land van aankomst* (2007), traduit en anglais : *Immigrant Nations*, Cambridge, Polity Press, 2011.

En France, une réflexion de ce type est encore difficile à faire admettre. Le prisme d'analyse dominant restant très largement distinct selon qu'il s'agit de traiter des « minorités » ou des milieux populaires « autochtones ». Si les premières sont volontiers étudiées et comprises suivant des schémas intégrant la dimension culturelle – et donc celle d'une forme d'insécurité culturelle vis-à-vis de la société d'accueil, de l'intégration, etc. –, les seconds restent avant tout envisagés en fonction d'un prisme classique, essentiellement à partir de facteurs économiques et sociaux. Et, lorsqu'il s'agit de « culture populaire », on ne parle pas de la même chose, on en reste aux pratiques culturelles au sens strict[3].

Cette forme de division du travail analytique, très marquée dans les sciences sociales françaises, entre le culturel et l'économique, sert par ailleurs souvent le propos politique d'une gauche attachée au modèle de la « domination »[4]. Ce qui

---

3. Ce que mettent bien en évidence Jean-Claude Passeron et Claude Grignon dans *Le Savant et le Populaire. Misérabilisme et populisme en sociologie et en littérature*, Paris, Gallimard-Le Seuil, 1989, et que l'on observe dans le travail d'un sociologue comme Bernard Lahire, *La Raison des plus faibles. Rapport au travail, écritures domestiques et lectures en milieux populaires*, Villeneuve-d'Ascq, Presses universitaires de Lille, 1998, et *La Culture des individus : dissonances culturelles et distinction de soi*, Paris, La Découverte, 2004.
4. Cette répartition des rôles, en quelque sorte, est particulièrement visible dans le livre collectif dirigé par Éric

a conduit à une forme d'aveuglement sur l'évolution politique des milieux populaires depuis une trentaine d'années et, par conséquent, à la difficulté d'expliquer les transformations de leur comportement électoral.

Ainsi, parler culture et identité ne serait *a priori* légitime et admis que pour dire les difficultés des minorités issues de la matrice multiculturelle, et pour mieux leur permettre d'exprimer leurs revendications et leurs droits vis-à-vis de la « majorité ». Alors que la même disposition deviendrait incongrue dès lors qu'il s'agit de populations « autochtones » ou supposément majoritaires, qui ne peuvent être ni prises en compte ni prises au sérieux dès lors qu'elles revendiquent une « identité » particulière ou qu'on prétend les étudier sous cet angle.

La catégorie de « petits Blancs », par exemple, venue tout droit du vocabulaire américain, sert le plus souvent de désignation péjorative et induit une forme de racisme intrinsèque, en quelque sorte, de la part de cette population à l'égard des minorités. Seule une catégorisation économique et sociale, en termes de classe notamment, pouvant permettre de refléter l'expression légitime d'une insécurité ou d'un antagonisme au sein de cette population.

---

et Didier Fassin, *De la question sociale à la question raciale. Représenter la société française*, Paris, La Découverte, 2006.

Le « culturalisme » fonctionne donc comme un outil à double tranchant. D'un côté, positivement, il est utilisé pour désigner et étudier les minorités issues de la matrice multiculturelle. De l'autre, négativement, il sert à dénoncer l'attitude des « petits Blancs » et autres populations « autochtones » ou « majoritaires ».

La barrière, aussi bien scientifique que politique, ainsi tendue entre les deux approches gêne considérablement l'analyse politique. En particulier parce qu'elle empêche de considérer la possibilité qu'une partie de cette population « autochtone », effectivement défavorisée ou « dominée » socialement (suivant la grille de lecture classique admise), puisse éprouver une quelconque préoccupation identitaire (pour ne pas dire une « peur » ou une « insécurité ») autrement qu'à travers le racisme ou la xénophobie.

La justification habituelle d'une telle asymétrie de traitement tient à ce que l'on peut nommer la « situation objective » des deux types de populations – en référence directe au schéma marxiste classique. Les catégories populaires autochtones seraient dominées socialement, elles sont « aliénées », mais dans une situation toujours « objectivement » meilleure que les minorités puisqu'elles n'ont pas à subir de discriminations liées à leurs caractéristiques identitaires : ethno-raciales, religieuses, de genre ou d'orientation sexuelle.

Une telle « objectivité » n'en reste pas moins une construction extérieure à ces mêmes catégories – qu'elle soit l'œuvre du sociologue ou du responsable politique – dont les représentations intègrent, elles aussi, une part d'identité dont elles peuvent éprouver la fierté, la disparition, la discrimination, etc. C'est à partir de telles représentations, rappelons-le, que se construit en partie leur comportement politique. Or le décalage entre l'assignation sociale et, de fait, « non identitaire » que leur imposent une certaine sociologie et une partie de la gauche, peut très vite être ressenti comme une forme de mépris de la part d'« en haut », d'une « élite » dont les intérêts et les préoccupations semblent identiques à ceux des minorités : ouverture des frontières, libre circulation, dérégulation des marchés, etc. Le lien entre insécurité économique et insécurité culturelle étant ainsi noué.

Cette pression venue « d'en haut » à se conformer à des représentations sociales et identitaires en décalage avec ce qui est vécu et ressenti « en bas » peut être fort mal prise. Elle participe en tout cas de l'insécurité culturelle pour les populations qui la subissent. Et elle peut donc très vite devenir un terrain favorable aux instrumentalisations et manipulations qui visent à l'exploiter politiquement.

La persistance de cette difficulté est pourtant rarement remise en question au sein des organisations de gauche (partis, syndicats, associations...), pas plus qu'elle n'est interrogée en sciences sociales. Comme s'il s'agissait d'un déploiement tardif de la division du travail social et politique. Elle n'apparaît pas en tout cas comme une raison suffisante, pour les responsables politiques et les militants comme pour les chercheurs, de reconnaître les limites d'une telle conception « dualiste ». La légitimité des déterminations et des revendications culturelles et identitaires reste prioritairement réservée aux minorités ; celles qui sont économiques et sociales avant tout aux catégories populaires autochtones.

« *Intersectionnalité des luttes* » et rôle des élites

Depuis quelques années, des chercheurs en sciences sociales et des groupes d'activistes venus des études sur le genre, du féminisme et de la lutte contre le racisme, tentent de pallier l'inconvénient de cette forme de division du travail émancipateur en mettant en avant le concept d'« intersectionnalité » (des luttes). L'idée, forgée dans le contexte américain, est avant tout de rapprocher les luttes pour la reconnaissance identitaire (féminisme, Noirs américains, mouvement gay et lesbien...), en montrant que, faute de toujours converger, elles se recoupent néanmoins sur des thématiques précises. Ainsi, par exemple, les violences faites aux femmes noires dans les milieux populaires[5].

Ce concept est utilisé, aujourd'hui, en France, essentiellement pour rendre acceptables – tout particulièrement à gauche – les revendications identitaires et culturalistes de minorités en les assimilant à des luttes sociales menées au nom de l'égalité. Cela permet de faire d'un « discriminé » à raison d'un critère identitaire un « dominé », à l'image du prolétaire de la lutte des classes. Cette manière d'unifier des luttes menées au nom de revendications de natures différentes (identitaires et culturelles d'un côté, sociales de l'autre) vise ainsi à rendre possible l'émancipation d'individus ou de groupes réduits et spécifiques (les « minorités ») en leur donnant un caractère collectif – par assimilation aux luttes sociales classiques. Ce qui

---

5. Le terme « *intersectionality* » est utilisé pour la première fois dans le sens du croisement nécessaire de la lutte féministe et de la lutte antiraciste par Kimberlé Williams Crenshaw en 1993 dans un article de la *Stanford Law Review* (traduit en français : « Cartographies des marges : intersectionnalité, politique de l'identité et violences contre les femmes de couleur », *Cahiers du genre*, n° 2, 2005, p. 51-82) en référence aux difficultés des mouvements identitaires des années 1970-1980 à unir leurs forces (notamment après l'échec des « *Rainbow Coalitions* » et l'affaire « Anita Hill/Clarence Thomas » à laquelle elle a participé) et à s'articuler ensuite aux revendications sociales.

permet aussi à certains de ses promoteurs de faire basculer la légitimité de la lutte sociale et politique du côté des « minorités » contre ceux qui en étaient jusqu'ici les bénéficiaires, c'est-à-dire les catégories populaires masculines, blanches, hétérosexuelles, autochtones, etc. Le processus de délégitimation étant achevé lorsque les revendications de celles-ci sont désignées comme contraires à l'égalité et au progrès social, voire considérées comme réactionnaires[6].

On trouve une bonne illustration de tout cela dans la désignation – toujours par le « haut », qu'il soit savant ou politique – de l'expression de toute inquiétude identitaire des catégories populaires autochtones comme d'une forme de xénophobie, de racisme, d'homophobie ou de sexisme. Ces catégories sociales étant réputées, confinées dans la seule dimension économique et sociale de leur « situation objective », ne pouvoir comprendre l'identité des autres autrement qu'à travers un regard discriminatoire. D'ailleurs, si elles pensent ainsi, c'est qu'on le leur a suggéré, qu'elles ont été manipulées ou instrumentalisées par des médias, des instituts de sondage, des intérêts économiques ou politiques, voire par l'État lui-même[7].

---

6. C'est le propos même de l'ouvrage collectif D. Fassin et É. Fassin (dir.), *De la question sociale...*, *op. cit.*

7. Le livre du collectif « Cette France-là », *Xénophobie d'en haut. Le choix d'une droite éhontée*, Paris, La Découverte, 2012, constitue un excellent exemple d'une telle approche,

Une telle dénonciation de la responsabilité de l'élite dans la construction d'une fausse représentation identitaire par les catégories populaires autochtones a deux avantages pour ceux qui la formulent. D'une part, elle leur permet de se défaire de leur propre image de membres de l'élite, appartenant également à ce « haut » de la société. D'autre part, elle autorise une posture politique réconciliant question sociale et question identitaire sans effort. Puisque les élites responsables de la « construction » du racisme, de la xénophobie, de l'homophobie ou du sexisme, par les catégories populaires autochtones ou « majoritaires » sont mues avant tout, elles-mêmes, par le racisme, la xénophobie etc.… Dresser ainsi l'une contre l'autre les deux parties du « peuple », les minorités multiculturelles d'une part, les mâles blancs hétérosexuels de l'autre, permettrait à l'élite dirigeante de conserver son pouvoir en servant ses intérêts de classe. L'aile marchante de la gauche savante ou politique qui tient un tel discours pouvant dès lors pratiquer enfin une intersectionnalité des luttes digne de ce nom.

Les rapports de force dans la société sont pourtant un démenti clair et net à cette incrimination d'un « haut » dans la construction du racisme ou

---

tout comme le texte d'Alain Badiou, « Racisme d'État, racisme des intellectuels », publié dans *Le Monde*, le 5 mai 2012 (sous le titre « Le racisme des intellectuels »), http://www.editions-lignes.com/Racisme-d-Etat-et-racisme.html

de la xénophobie du « bas », par exemple. Et de deux manières au moins.

D'abord parce que, s'il y a effectivement un groupe social qui défend de tout son poids l'ouverture des frontières aussi bien aux capitaux, aux biens et services qu'à l'immigration – y compris clandestine – et qui peut difficilement être accusé de prôner le racisme et le rejet des migrants, c'est bien l'élite dirigeante économique et patronale ! Une frontière ouverte à l'immigration permet en effet de faire baisser le coût d'une main-d'œuvre qui n'est pas délocalisable – celle des services notamment – ou du moins de « tendre » la situation sur le marché du travail au profit du capital. On notera d'ailleurs, au passage, que cette élite économique est plutôt favorable à la thématique de la « discrimination positive » et de la « diversité » dans l'entreprise[8].

Ensuite parce que le « *mix* politique » qui réussit précisément le mieux aux partis néopopulistes tels que le FN est précisément celui qui combine l'axe « eux-nous », du racisme et de la xénophobie, et l'axe « peuple-élite », de l'opposition du « bas » contre le « haut ». Ainsi, par exemple, l'incrimination d'un cosmopolitisme qui mêle immigration et élite, toutes deux à l'aise dans la mondialisation, dans un monde post-national

---

8. Voir, sur ce point, Réjane Sénac, *L'Invention de la diversité*, Paris, PUF, 2012.

sans frontières, est-il l'un des traits communs déterminants dans tous les partis néopopulistes en Europe[9]. L'anti-élitisme serait ainsi la chose au monde la mieux partagée par le FN et par cette gauche, savante ou politique, qui pointe du doigt le « racisme d'en haut ».

Un ultime argument est en général introduit dans la discussion à ce moment-là par les tenants de la thèse « dualiste » qui sépare le bon « peuple », celui des minorités, du mauvais, celui des autochtones racistes, xénophobes, etc. C'est celui d'une France fondamentalement raciste. *Ultima ratio* étrange si l'on songe qu'il s'agit d'une considération elle-même de nature profondément essentialiste, « culturaliste » et identitaire. Prétendre condamner le culturalisme et l'essentialisme du racisme en essentialisant ainsi l'histoire et la « culture » d'un pays, c'est pratiquer exactement ce que l'on entend dénoncer. D'autant que l'argument se résume souvent, au final, à valider des trouvailles sémantiques journalistiques comme la « France moisie » ou la « France rance », sur fond de généralisation d'attitudes telles que le colonialisme ou l'esclavagisme à tout un pays[10].

---

9. Voir Cas Mudde, *Populist Radical Right Parties in Europe*, Cambridge, Cambridge University Press, 2007.

10. Entre autres exemples de cette pratique, on mentionnera Philippe Sollers, « La France moisie », *Le Monde,* 28 janvier 1999, et Louis-Georges Tin, *Esclavage et réparations. Comment faire face aux crimes de l'histoire ?*, Paris, Stock, 2013.

Suivant cette « thèse », la France serait historiquement, de longue date, une société raciste et xénophobe, en raison de son passé esclavagiste et surtout colonialiste[11]. Et il n'y aurait donc rien d'étonnant à ce que cette particularité se poursuive aujourd'hui encore et que l'ensemble des institutions comme des catégories sociales soient touchées, de « haut » en « bas » de la société française. L'État y prendrait bien évidemment, comme il se doit en France, une part déterminante à travers ses différentes politiques publiques : une politique de l'immigration (toujours trop restrictive), une politique d'intégration (toujours trop exigeante au risque d'une « assimilation »), une politique éducative (toujours trop fermée à la diversité identitaire des élèves), etc. Régulièrement, à l'occasion de paroles publiques ou d'actes racistes, cette thématique de la « France raciste » revient sur le devant de la scène, médiatique et politique notamment[12]. Permettant d'expliquer que tel propos odieux ou tel acte délictueux n'est que la partie émergée d'un iceberg français.

---

11. Pascal Blanchard, Nicolas Bancel et Sandrine Lemaire (dir.), *La Fracture coloniale. La société française au prisme de l'héritage colonial*, Paris, La Découverte, 2001.

12. Ainsi, par exemple, récemment, à la suite de propos racistes à l'encontre de la ministre de la Justice Christiane Taubira ou encore suite aux déclarations du journaliste Éric Zemmour.

La principale faiblesse de cette « thèse » tient à ce qu'elle vient finalement – et étrangement, si l'on se place de leur point de vue – annihiler la position politique de ceux qui la revendiquent. En effet, si l'on juge que la France est, culturellement ou « identitairement », raciste, depuis son État et ses élites jusqu'à son « peuple » autochtone (auquel il faudrait adjoindre les vagues d'immigration les plus anciennes si l'on veut être complet) en passant par la droite et la gauche de gouvernement – puisque les politiques d'immigration, par exemple, d'un gouvernement à l'autre sont dénoncées comme étant les mêmes –, alors comment envisager une seule seconde que son dévoilement incessant et répété, grâce aux sciences sociales notamment, permettra de la faire changer ? N'est-ce pas témoigner d'une naïveté ou d'un scientisme au final très peu politiques – ou *a minima* reconnaître que l'on n'est pas très convaincant ?

On pourrait d'ailleurs poursuivre cette interrogation dans le sens même du dévoilement pratiqué par les tenants d'une telle « thèse », en se demandant si cette partie des sciences sociales dont ils se revendiquent n'est pas, elle-même, l'un des multiples bras (au CNRS, à l'université…) de ce même État raciste et xénophobe qu'ils dénoncent. Et donc, s'ils ne lui servent pas finalement d'alibi, voire, carrément, d'idiot utile.

Le caractère – à dessein – absurde d'un tel propos suffit à démontrer combien la position adoptée sur ces questions par certains sociologues ou historiens est finalement assez peu soucieuse des contradictions et des lignes de conflit qui partagent, profondément, la société française. Le racisme, la xénophobie et aujourd'hui ce que certains appellent l'« islamophobie », ainsi que, bien entendu, le vote FN, doivent être analysés et considérés dans une perspective critique infiniment plus sophistiquée, et assurément beaucoup moins idéologique ou moralisatrice. C'est, sinon, comme on vient de le voir, le meilleur moyen de servir ce que l'on prétend combattre.

Une insécurité de classe

L'insécurité culturelle est, on l'a dit, étroitement liée à l'insécurité économique et sociale. Ce sont en effet d'abord et surtout les populations les plus fragiles économiquement qui éprouvent les différentes formes d'insécurité, sociale comme culturelle, suivant les mécanismes que l'on a décrits dans les chapitres précédents. C'est d'ailleurs pourquoi l'insécurité dans son acception générale touche aussi bien les populations migrantes récentes que les populations autochtones en difficulté. De ce point de vue, il n'est pas illégitime de parler d'une insécurité de classe.

Lorsque l'on reprend les grandes enquêtes d'opinion qui permettent de détecter les manifestations d'une insécurité culturelle, un constat d'ensemble se dégage : toutes les représentations qui y sont liées sont beaucoup plus fortement présentes dans les catégories populaires (ouvriers et employés, les CSP- de la classification de la population active de l'Insee, les retraités et les jeunes qui peuvent s'y rattacher en raison de leur emploi passé ou de leur niveau de diplôme). À chaque fois, l'écart est maximal, au sein des CSP d'actifs entre « ouvriers » d'une part et « cadres supérieurs et professions libérales » de l'autre. Ces deux catégories statistiques formant des extrémités radicalisées, mais bien représentatives du phénomène d'ensemble à l'œuvre ici.

Ainsi, si l'on reprend les éléments du triangle « économie, immigration, mode de vie » du premier chapitre, on peut constater que ce sont ces catégories qui sont le plus dubitatives, sinon hostiles, quant aux bienfaits de la mondialisation. Dans l'enquête TNS-Sofres de novembre 2011 sur « Les Français, la mondialisation et le protectionnisme », si 50 % de l'ensemble des personnes interrogées pensaient que la mondialisation est « une menace » (contre 37 % une « opportunité »), les cadres et professions libérales jugeaient qu'elle est une « opportunité » à 52 % (42 % une « menace »), alors que pour les ouvriers ce n'était le cas qu'à 28 % (60 % une

« menace »). De la même manière, seuls 48 % des cadres supérieurs et professions libérales jugeaient souhaitables des mesures protectionnistes au niveau de la France, contre 76 % pour les ouvriers et les employés[13].

Concernant la question européenne, on retrouve la même fracture. Dans l'enquête Ipsos-Steria de janvier 2014 sur les « nouvelles fractures françaises », à la question « Pour faire face aux grands problèmes dans les années à venir, quelle est la meilleure solution ? », 45 % des cadres supérieurs et professions libérales contre 78 % des ouvriers répondaient qu'il « faut renforcer les pouvoirs de décision de notre pays, même si cela doit conduire à limiter ceux de l'Europe » (70 % sur l'ensemble des personnes interrogées)[14].

On a vu combien le truchement de la frontière laissait apparaître la question de l'immigration et bien sûr celle de l'islam comme points de focalisation de l'insécurité culturelle. Là encore, c'est surtout une affaire de catégories sociales. Ainsi, dans l'enquête IFOP de novembre 2013 « Les Français et l'immigration », les cadres supérieurs et professions libérales sont-ils ceux qui considèrent le moins, à 53 %, « qu'on en fait

---

13. TNS-Sofres, « Les Français et la mondialisation », *op. cit*.

14. Ipsos-Steria, « Fractures françaises. Vague 2 : 2014 », *op. cit.*

plus pour les immigrés que pour les Français », contre 80 % chez les ouvriers, qui constituent la catégorie qui partage le plus massivement cette assertion – 67 % en moyenne sur l'ensemble des personnes interrogées. De même, seuls 21 % des ouvriers sont d'accord avec l'affirmation, désormais classique dans ces études : « L'immigration est une chance pour la France », contre 52 % des cadres supérieurs et professions libérales et 37 % en moyenne sur l'ensemble des personnes interrogées[15].

Ce que montrent les enquêtes sur ces sujets, année après année, c'est non seulement la différenciation, mais aussi la distanciation croissante des attitudes, qu'il s'agisse d'économie (mondialisation et protectionnisme), d'immigration (immigration subie ou choisie, ouverture ou fermeture des frontières) ou de modes de vie (vis-à-vis des pratiques religieuses et culturelles des musulmans notamment), entre les groupes sociaux, avec une polarisation d'autant plus forte que l'on prend des groupes éloignés socialement les uns des autres. Il faudrait toutefois pouvoir disposer, au sein des différents groupes sociaux, d'une vision plus précise en fonction de l'origine étrangère ou non des membres de ces groupes

---

15. Ipsos-*Valeurs actuelles*, « Les Français et l'immigration », *op. cit.*

pour voir si la corrélation des attitudes varie en fonction de celle-ci. L'enquête sur les « musulmans de gauche » dans le cadre de la région Île-de-France menée par la Sofres pour le compte de la Fondation Jean-Jaurès ne donne que des résultats trop partiels de ce point de vue pour pouvoir en tirer des enseignements généralisables[16].

Pour pouvoir mieux comprendre encore les enjeux de l'insécurité culturelle, il est indispensable de croiser ces différents aspects sociaux avec d'autres, notamment territoriaux. L'approche par la géographie revêt une grande importance concernant cette question dans la mesure où la dimension identitaire qui l'accompagne peut être fortement liée au territoire, au-delà de l'appartenance sociale, et aux possibilités de distanciation avec celui-ci dont disposent plus ou moins celles et ceux qui y vivent.

---

16. G. Finchelstein, « Des musulmans de gauche », *op. cit*.

CHAPITRE 5

La carte et le territoire

C'est du point de vue du territoire, des spécificités locales et des différences entre espaces, que l'insécurité culturelle peut, de manière croisée et complémentaire avec la stratification sociale classique, être le mieux appréhendée. Le lieu de vie est en effet un déterminant essentiel du mode de vie (habitat, transports, sociabilité, travail, loisirs...) et participe donc activement de la construction du rapport au monde, des représentations, de chacun, et de là, bien évidemment, au comportement politique.

La différenciation des territoires et des populations qui y vivent ainsi que les « fractures » qui les séparent désormais de plus en plus nettement, notamment en raison des effets de la mondialisation, jouent un rôle considérable dans la formation des appréhensions et des attitudes dont il a été question plus haut. Ce qui est à l'œuvre dans cette dimension spatiale de notre vie collective va pourtant bien au-delà du simple constat sociologique, en forme de syllogisme, selon lequel les catégories populaires étant proportionnellement davantage présentes que les autres dans les espaces périphériques des métropoles (entre 30 et 70 km autour du centre)[1], et votant proportionnellement plus que les autres pour le Front national, il n'est donc pas étonnant que le vote FN soit plus fort dans l'espace « périurbain » qu'ailleurs.

Les « France » de l'insécurité culturelle

Le premier constat est celui d'une division territoriale de plus en plus marquée entre des « France » différentes, qui s'éloignent l'une de l'autre à mesure que les effets de la mondialisation se font notamment sentir. Particulièrement entre une France des métropoles (regroupant villes-centres et banlieues) qui en tire profit, économiquement et culturellement, et une France « périphérique[2] »,

---

1. Une métropole (au sens français du terme) est un ensemble urbain continu regroupant plus de 200 000 habitants généralement autour d'une ville-centre et qui concentre les grandes fonctions économiques, sociales et culturelles de manière indépendante.
2. C'est Christophe Guilluy qui a popularisé ces dernières années ce phénomène dans ses essais *Fractures françaises* (2010) et *La France périphérique* (2014).

ou « périurbaine[3] » (par opposition au cœur des métropoles), qui en pâtit davantage qu'elle n'en bénéficie. C'est sur ces territoires décentrés que l'insécurité culturelle est d'abord vécue ou ressentie – comme résultat d'un processus qui a conduit les populations concernées dans ce type d'espace ou à partir de ce type d'espace –, et sur ces territoires que le FN connaît sa dynamique électorale la plus forte ces dernières années[4].

Cette fracturation du territoire est le résultat, depuis une trentaine d'années, d'une évolution qui a affecté en profondeur la géographie sociale du pays : le départ d'une partie des catégories populaires des agglomérations urbaines denses (centre et banlieue) pour des espaces périphériques de plus en plus éloignés. Ce qui alimente un double phénomène d'étalement urbain et de périurbanisation.

Au centre des métropoles, le phénomène dit de *gentrification*[5] chasse progressivement les popula-

---

3. La spécification d'un espace « périurbain » défini par son éloignement du centre des métropoles en fonction d'un certain nombre de caractéristiques (notamment le « gradient d'urbanité ») trouve son origine dans les travaux du géographe Jacques Lévy. Voir notamment, Jacques Lévy, Michel Lussault (dir.), *Dictionnaire de la géographie et de l'espace des sociétés*, Paris, Belin, 2003.
4. Jérôme Fourquet, « Les frontières du Front : analyse sur la dynamique frontiste en milieu périurbain », IFOP, *Focus* n° 102, janvier 2014.
5. *Gentrification* est un terme forgé dans les années 1960 par la sociologue anglaise Ruth Glass. Il apparaît pour la

tions les plus modestes vers la périphérie, d'abord immédiate, puis très vite plus lointaine – dans un espace périurbain « subi ». À ce phénomène spécifique s'est ajouté celui du départ volontaire de classes moyennes et aisées recherchant de meilleures conditions de vie – que l'on retrouve dans un périurbain « choisi »[6]. Cette distinction est importante, car elle entraîne des comportements électoraux différenciés : le vote FN étant bien plus important dans le périurbain subi que dans le périurbain choisi. Ce qui confirme, si besoin était, l'importance du croisement des données géographiques et sociologiques[7].

---

première fois dans le rapport *London : Aspects of change*, qu'elle a dirigé en 1964 pour le Center for Urban Studies de l'University College of London. Il s'agit d'un processus urbanistique (à la fois architectural, économique, social et culturel) qui conduit, à l'occasion de la rénovation de l'habitat et de l'aménagement de quartiers populaires (ouvriers notamment), au renchérissement des prix de l'immobilier et au remplacement progressif de la population d'origine par des couches sociales moyennes et supérieures.

6. Concernant la distinction entre périurbain subi et périurbain choisi, voir notamment l'explication du géographe Laurent Chalard qui l'a établie et ses conséquences en termes électoraux : « La vie à la "campagne-galère". Une lecture géographique du vote Le Pen », lemonde.fr, 27 avril 2012, http://sucyenbrie.blog.lemonde.fr/2012/04/27/une-lecture-geographique-du-vote-le-pen/

7. Des chercheurs tels que Jean Rivière, dans sa thèse de doctorat, *Le Pavillon et l'Isoloir* (université de Caen, 2009) ou Éric Charmes (notamment, avec Lydie Launay et Stéphanie

Ces espaces périurbains se nourrissent d'une autre dynamique qui porte le témoignage direct cette fois d'une forme bien identifiée d'insécurité culturelle – celle-ci étant peu présente dans le centre métropolitain. Il s'agit du départ de catégories populaires et moyennes qui, ne pouvant plus vivre au centre de la métropole pour des raisons économiques, ne souhaitent pas ou plus vivre en banlieue proche pour des raisons liées en particulier à la forte présence de populations issues de l'immigration (récente notamment), au fort taux d'habitat social et à une délinquance plus importante[8]. Le départ vers le périurbain est, dans ce cas, à la fois choisi et subi, car ce sont des milieux qui ont la capacité de louer ou d'acquérir un logement individuel, mais sur des territoires éloignés du centre, où les prix restent abordables et qui induisent des conditions de vie très différentes (en matière de transports notamment). Ce type de « départ » concerne d'ailleurs souvent des populations issues d'immigrations plus anciennes qui s'étaient elles-mêmes installées en banlieue à leur arrivée en France.

Cette dynamique contribue, en retour, à faire de la « banlieue » ce qu'elle est devenue en trente

---

Vermeersch, « Le périurbain, France du repli ? », *La Vie des idées*, 28 mai 2013) ont bien mis en évidence la nécessité de croiser sociologie et géographie.

8. J. Fourquet, « Les frontières du Front », *op. cit.*

ans, à la fois dans sa réalité économique, sociale et culturelle, et au regard de ses représentations dans le débat public. C'est-à-dire un lieu de relégation urbaine – de ghettoïsation, même, aux yeux de certains auteurs[9] – dans lequel sont prises au piège des populations pour l'essentiel d'origine immigrée, et qui concentre de multiples difficultés. Parmi celles-ci, on peut repérer une forme aiguë d'insécurité culturelle, pouvant se résumer au fait d'appartenir à l'aire métropolitaine sans pouvoir bénéficier de ses avantages et attraits, que ce soit en termes de qualité de vie, de travail, d'éducation, de transport, etc. Et ce malgré les efforts considérables des politiques publiques (notamment dites « de la ville ») depuis des décennies, ou des discours publics de certains élus et partis politiques, à gauche en particulier, nettement favorables aux « banlieues ».

On notera d'ailleurs qu'il s'agit ici d'un des points aveugles de la réflexion d'un auteur comme Christophe Guilluy qui, dans l'opposition qu'il souligne – à juste titre – entre les territoires « centraux » et « périphériques », fait de la banlieue une sorte d'annexe métropolitaine du centre, totalement intégrée à sa dynamique, et de ses habitants des bénéficiaires nets, en raison de cette proximité, de la mondialisation et des politiques publiques ciblées visant à en compenser

---

9. Éric Maurin, *Le Ghetto français*, Paris, Le Seuil, 2004.

les effets négatifs. Ce qui les placerait hors de portée des questionnements liés à l'insécurité culturelle donc, qui serait propre aux zones périphériques ou périurbaines.

Or, outre qu'au centre des métropoles elles-mêmes des phénomènes liés à l'insécurité culturelle existent aussi en fonction des quartiers concernés (contournement de la carte scolaire, représentation de la banlieue comme d'un « ailleurs » dangereux, « frontière » du périphérique à Paris...), il existe une « trappe » à relégation, exclusion et discrimination en banlieue. Elle fonctionne en effet bien plus fortement pour les populations vivant dans ces périphéries proches du centre que pour tout autre groupe. Et elle génère une forte insécurité culturelle, en plus des insécurités économique, sociale et « sécuritaire » traditionnelles. Ce sont bien les habitants de ces quartiers qui vivent en première ligne les « difficultés » spécifiques qu'on leur attribue généralement : incivilités, délinquance, communautarisme, etc.

Ce qui différencie banlieue et périurbain subi, au regard de l'insécurité culturelle, ce n'est donc pas l'existence même du phénomène, mais plutôt sa traduction électorale. Les résultats des votes, depuis la présidentielle de 2012 en particulier, conduisent en effet à un triple constat. C'est dans cet espace périurbain (situé entre 30 et 70 km des centres des métropoles) que le vote FN est non seulement le plus élevé sur le territoire national, mais encore qu'il a le plus progressé (depuis 2002) et qu'il est le plus significatif au sein des catégories populaires (notamment les ouvriers)[10]. Alors que le comportement électoral des « banlieues », aux élections nationales, revêt des caractéristiques très différentes : une participation plus faible qu'ailleurs et un vote majoritaire à gauche en 2012 comme en 2007.

Politique des territoires

Pour comprendre ce décalage, il est indispensable d'aller au-delà de l'explication mécanique par la plus forte présence de populations issues des catégories populaires dans les espaces périurbains et donc d'un vote mécaniquement plus important pour le FN – compte tenu de la fréquence plus élevée du vote de ces catégories pour le FN.

D'abord en précisant, comme le fait notamment Hervé Le Bras, que les catégories populaires restent, même si c'est dans des proportions variables, non seulement présentes sur l'ensemble des territoires, mais surtout qu'elles ne sont pas nécessairement les mêmes. Ainsi celles qui sont présentes en banlieue sont-elles moins qualifiées

---

10. J. Fourquet, « Les frontières du Front », *op. cit.*

que celles qui se retrouvent dans les espaces périurbains lointains – notamment chez les employés[11].

Le géographe Jacques Lévy a avancé, dès les années 1990, l'idée d'une corrélation forte entre ce qu'il appelle le « gradient d'urbanité » (lié à la densité urbaine et à la diversité de la population) et un vote de repli qui se traduit par un sur-vote FN. Plus le milieu urbain serait dense, plus le mode de vie et le brassage de populations d'origines différentes qui le caractérisent favoriseraient une attitude ouverte et tolérante, et donc un vote beaucoup moins favorable au FN. Ce qui correspond d'ailleurs à des métropoles traversées par les flux de la mondialisation et des zones qui, se trouvant à l'écart de ces flux, développent des valeurs différentes. Moins la densité urbaine serait forte, plus l'homogénéité sociale et culturelle serait importante, et plus les attitudes de repli et de séparation seraient renforcées, ce qui favoriserait mécaniquement les thématiques du FN. Il y aurait ainsi une sorte de « vote barbecue » dans l'ensemble du périurbain enserrant les métropoles, centre et banlieue inclus. Ce vote étant moins lié, aux yeux de Lévy, à la situation sociale (périurbain choisi ou subi) qu'à la composition homogène

---

11. Hervé Le Bras, *Atlas des inégalités. Les Français face à la crise*, Paris, Autrement, 2014.

des populations concernées et aux attitudes culturelles de celles-ci[12].

Le croisement de données économiques et géographiques permet d'affiner encore la compréhension de ce qui est en jeu dans cette différenciation territoriale, et, de là, l'explication d'un sur-vote dans certains territoires périurbains. Les populations composées de catégories populaires – déjà installées de longue date ou arrivées plus récemment – voient très souvent d'un mauvais œil l'installation de nouveaux arrivants, particulièrement lorsqu'il s'agit de familles venant de banlieue, et plus spécialement encore quand elles sont issues de l'immigration. Celles-ci emportant avec elles toutes les représentations « menaçantes » de la banlieue – y compris quand elles-mêmes ont décidé de « fuir » la banlieue pour les raisons évoquées plus haut[13] ! Un tel phénomène a lieu avant tout dans les communes les plus populaires du périurbain, là où le foncier est encore accessible aux ménages modestes de toutes origines qui doivent ou souhaitent quitter le centre métropolitain ou la banlieue.

---

12. Voir, en particulier, sur fond d'entretien et de cartes de Jacques Lévy et de son laboratoire Chôros : Jean-Laurent Cassely, « Front national : à la recherche du vote barbecue », *Slate*, 30 mai 2012.

13. Violaine Girard, « Les votes à droite en périurbain : "frustrations sociales" des ménages modestes ou recomposition des classes populaires ? », *Métropolitiques*, 30 avril 2012.

Le sur-vote FN dans ces communes peut dès lors s'expliquer aussi par l'attitude de ménages qui ont souvent réalisé un gros effort (emprunt bancaire, hypothèque...) pour s'y installer et accéder à la propriété, celle-ci étant vécue comme un signe déterminant d'ascension sociale[14]. Des ménages que leur « effort » rendrait particulièrement sensibles au discours sur les assistés et au fait que les collectivités publiques dépensent beaucoup d'argent pour la banlieue – et donc, par ricochet, aux yeux de certains, pour les populations immigrées. La thèse de Guilluy sur l'abandon de la « France périphérique » par les décideurs politiques et économiques au profit des métropoles, banlieues incluses, s'appuie en partie sur cette perception, même si elle n'est que partiellement vraie, comme l'ont avancé certains auteurs, à l'instar de l'économiste Laurent Davezies, en montrant que la redistribution se fait aussi des métropoles vers les espaces « périphériques » plus défavorisés, suivant des logiques de solidarité nationale[15].

---

14. La sociologue Anne Lambert a bien montré les mécanismes de l'accession à la propriété en milieu périurbain sur une longue période dans sa thèse de doctorat : « *Tous propriétaires !* » *Politiques urbaines et parcours d'accédants dans les lotissements périurbains (des années 1970 à 2010)*, EHESS, 2012.

15. Laurent Davezies, *La Crise qui vient. La nouvelle fracture territoriale*, Paris, Le Seuil, 2012.

La question de savoir si c'est la fréquentation directe (et donc une influence sur les modes de vie) ou non (simplement les représentations construites médiatiquement notamment) de populations d'origine étrangère, en particulier issues de l'immigration récente (à travers la catégorie de la « banlieue » notamment), qui favorise le vote FN reste posée. Pas plus l'approche territoriale que l'approche sociale ne donnent en effet une explication généralisable et fiable. Ni l'attitude supposément ouverte en termes culturels des habitants favorisés des centres-villes ni l'attitude supposément fermée des habitants défavorisés de la périphérie ne sont absolues et surdéterminées comme on l'a vu. D'autant que, si l'on considère la banlieue comme la zone intermédiaire entre ces deux types de territoires, on constate que la complexité des phénomènes qui s'y déroulent (peurs qu'elle suscite, départs des habitants qui entendent « y échapper », intégration à la métropole et à ses opportunités, exclusions et discriminations de toutes sortes...) rend encore plus difficile la lecture politique que l'on peut en faire, comme on le constate d'ailleurs lors des élections.

C'est précisément à ces difficultés et à ces incertitudes que la prise en compte de l'insécurité culturelle permet de répondre, et ainsi de mieux éclairer l'analyse politique. En effet, son appréciation sur des territoires différenciés et au sein de catégories sociales populaires aux expériences variées permet de dépasser les clivages politiques traditionnels, et de repérer plus spécifiquement les caractéristiques propres du vote FN et de la manière dont ce parti « joue » avec la différenciation tant territoriale que sociale pour attirer les électeurs.

CHAPITRE 6

*Identité, souveraineté
et conservatisme*

L'insécurité culturelle est une question politique. Sans la politisation des craintes et des doutes des Français, elle n'aurait pas pris une telle place dans le débat public et, *a fortiori*, dans les urnes. Elle ne serait pas devenue un tel facteur déterminant du vote, en faveur du Front national notamment.

L'instrumentalisation des thématiques identitaires culturelles dans le débat public (autour des enjeux liés à l'immigration, à l'intégration des populations d'origine étrangère, à la place de l'islam dans la société française, aux revendications de droits en raison d'un critère d'identité minoritaire...) est maintenant un phénomène ancien. Elle est pratiquée par l'ensemble des forces et des responsables politiques depuis les années 1980 au moins. L'émergence puis l'installation du FN dans le paysage politique français en portent d'ailleurs le témoignage le plus éloquent, puisque ce parti a très largement construit son implantation dans le paysage politique autour de ces thématiques. On peut même aller jusqu'à parler d'une forme de « culturalisation » du débat autour et contre le FN depuis une trentaine d'années. On en constate aujourd'hui l'importance et l'influence à travers le succès public d'un Éric Zemmour, par exemple[1].

Si le FN est au cœur du processus, toutes les familles politiques sont néanmoins concernées. Au sein de la droite parlementaire, le clivage culturel, autour de ce qu'il est désormais convenu d'appeler les « valeurs », est devenu un facteur de division, bien plus important désormais que le clivage économique et social entre libéraux-libre-échangistes et étatistes-protectionnistes. Sous l'influence du FN, une grande partie de la droite souverainiste opposée à la construction européenne depuis Maastricht dans les années 1990, par exemple, s'est radicalisée sur le sujet de l'immigration. De la même manière, une partie de la droite issue du catholicisme s'oppose aux revendications « minoritaires » sur les questions de genre, de famille ou de mœurs.

---

1. Son livre *Le Suicide français* (Albin Michel), qui s'appuie sur des thématiques identitaires culturelles, a connu dès son lancement, au mois d'octobre 2014, un très large succès public.

Le FN, champion de l'insécurité culturelle

De toutes les forces politiques françaises, c'est le FN qui utilise le plus et le mieux, à son profit, l'insécurité culturelle. D'abord parce que, historiquement, le programme du FN est constitué de thématiques issues de différentes traditions de l'extrême droite française fortement teintées de « culturalisme » (nationalisme, occidentalisme, traditionalisme catholique, racialisme, racisme, antisémitisme…)[2] ; ensuite parce que, en tant que parti critique du « système » politique, il a besoin d'éléments de programme qui le distinguent nettement des autres partis et familles politiques ; enfin parce que l'insécurité culturelle est particulièrement bien adaptée à des formes de demandes politiques qui mêlent, aujourd'hui, des craintes identitaires aux inquiétudes économiques et sociales nées de la mondialisation et de l'ouverture des frontières.

Le positionnement politique du FN a ainsi renvoyé, pendant quasiment quarante ans, sous le *leadership* de Jean-Marie Le Pen, aux idées apportées par les différentes composantes qu'il a rassemblées à partir de la création du parti en 1972. À des éléments issus de la vieille extrême

---

2. Valérie Igounet, *Le Front National de 1972 à nos jours. Le parti, les hommes, les idées*, Paris, Seuil, 2014.

droite traditionaliste catholique et de Vichy, Le Pen a su en effet associer des rapatriés d'Algérie hostiles à de Gaulle et à la gauche, des petits artisans et commerçants héritiers du poujadisme au sein duquel il avait commencé sa carrière politique dans les années 1950, puis une partie de la « Nouvelle Droite »[3]. Économiquement, son programme était essentiellement d'obédience libérale, antifiscaliste et pro petite entreprise. Dans cette perspective, la « menace immigrée » était avant tout traitée à la fois en termes économiques (substitution du travail) et sécuritaires (délinquance)[4]. D'importantes divergences doctrinales sur les questions proprement identitaires et culturelles – entre catholiques traditionalistes et païens occidentalistes par exemple – ont conduit, pendant longtemps, le FN à cantonner ces débats à des échanges intellectuels et doctrinaux, en son sein ou à ses marges[5].

Après l'échec de la scission mégretiste (1998) et la « performance » de Jean-Marie Le Pen à

---

3. Ariane Chebel d'Appolonia, *L'Extrême-droite en France. De Maurras à Le Pen*, Paris, Complexe, 1996.
4. Bernard Alidières, *Géopolitique de l'insécurité et du Front national*, Paris, Armand Colin, 2006.
5. Voir notamment Dominique Albertini et David Doucet, *Histoire du Front national*, Paris, Taillandier, 2013, et, sur l'évolution doctrinale autour de la question identitaire elle-même, Pierre-André Taguieff, *Sur la Nouvelle Droite. Jalons d'une analyse critique*, Paris, Descartes et Cie, 1994.

l'élection présidentielle de 2002, une nouvelle orientation du parti se met peu à peu en place, dont Marine Le Pen devient vite l'incarnation à la suite de son accession à la tête du mouvement en 2011[6]. Économiquement, la réorientation vers un programme beaucoup plus social, étatiste et de défense des services publics s'accentue. Le protectionnisme, la sortie de l'euro et la fermeture des frontières à l'immigration devant permettre d'appliquer une forme de keynésianisme classique[7]. Il s'agit, historiquement, d'une variation importante dans le programme du FN, mais, même s'il est difficile d'en mesurer l'influence électorale, on peut gager que c'est un élément déterminant dans l'extension du vote FN à de nouveaux secteurs de l'opinion et à de nouveaux territoires, au nord et à l'est de la France tout spécialement, dans des régions industrielles et ouvrières fortement touchées par la crise et les effets de la mondialisation.

---

6. Alexandre Dézé, *Le Front national : à la conquête du pouvoir ?*, Paris, Armand Colin, 2012.

7. La démonstration de cette évolution à partir d'une analyse de près de 750 points du programme économique et social du FN sur presque trente ans a été faite par Gilles Ivaldi, « Vers un nouveau chauvinisme du welfare ? La transformation du programme économique du Front national (1984-2012) », dans une communication au congrès de l'Association française de science politique à Paris, en juillet 2013.

L'arrivée de Marine Le Pen à la présidence du parti et la construction de son *leadership* sur celui-ci se sont toutefois appuyées sur une autre inflexion programmatique – une inflexion en forme de bricolage par rapport au programme « identitaire » traditionnel du FN –, moins souvent relevée dans le débat public que l'évolution économique, mais qui met en jeu, précisément, l'insécurité culturelle. Le FN recompose ainsi en partie son offre politique centrale. Celle-ci reste toujours très centrée sur l'immigration, sur son rejet, mais intègre désormais une nouvelle dimension, identitaire et culturelle, liée à l'islam. Il ne s'agit plus seulement de brandir une menace économique sur le travail et le bien-être (notamment celui procuré par le système de protection sociale) des Français, mais une menace sur les « modes de vie[8] ». À l'hostilité traditionnelle à une immigration de travail venue de surcroît essentiellement des anciens territoires coloniaux d'Afrique du Nord et d'Afrique sub-saharienne s'est en effet ajoutée la mise en cause de la religion musulmane comme facteur de transformation de la société

---

8. L'item « immigration » du site www.marinelepen.fr, mis en place pour la présidentielle de 2012 et qui offre une vue d'ensemble de l'analyse et du programme de la candidate, permet de bien voir l'articulation autour de cette thématique des enjeux économiques-sociaux d'une part et identitaires-culturels de l'autre.

française, sur fond d'une immigration de « peuplement », issue notamment du regroupement familial.

Ce glissement de l'« Arabe » au « musulman » et de l'économique au culturel est un des signes les plus nets de la transformation des représentations sous le double impact de la mondialisation – qui mêle étroitement, rappelons-le, les deux dimensions économique et culturelle – et de la « menace islamiste » depuis le début des années 2000 – 11 septembre 2001, attentats en Europe, guerres au Moyen-Orient et en Afrique sub-saharienne et formes nouvelles de terreur qui en découlent. Le « choc de civilisations », suivant la célèbre formule de Samuel Huntington, qui met en scène l'islam comme principal point de fixation des problèmes du monde contemporain, est devenu une représentation couramment véhiculée par les médias, les fictions cinématographiques ou télévisuelles, les jeux vidéo, etc., en une dizaine d'années seulement. L'insécurité culturelle pouvant ainsi aisément être réduite à l'idée que ce « choc des civilisations » se serait déplacé de terrains d'affrontements lointains, en « terre d'islam », au cœur des sociétés « occidentales », ou du moins qu'il y aurait une continuité entre le lointain et le voisin[9].

---

9. C'est l'idée que développe, par exemple, Aymeric Chauprade, conseiller pour les affaires internationales de

La campagne menée par le FN et sa présidente fin 2011-début 2012 sur des thématiques très ciblées, mêlant étroitement islam et modes de vie : viande halal, port du voile, prières de rue, menus sans porc dans les cantines scolaires..., avait précisément pour but de mettre en scène ce « choc des civilisations » « près de chez vous » en quelque sorte. Et ce dans le contexte tendu et concurrentiel de l'élection présidentielle à venir, dans lequel le président sortant avait clairement accepté de jouer le jeu de la surenchère sur ces thématiques. L'épisode terroriste de Mohammed Merah en mars 2012 étant venu, opportunément, dans la même séquence politico-médiatique, corroborer cette idée d'un *continuum* d'insécurité mis en avant par le FN[10]. Depuis, le conflit en Syrie et en Irak a encore amplifié ce lien entre « lointain » et « voisin » à travers la figure du jeune Français parti « faire le djihad » sur place.

Cette stratégie de tension autour de l'islam à des fins électorales s'appuie, plus profondément,

---

Marine Le Pen et député européen du FN. Voir notamment sa *Chronique du choc des civilisations : Du 11 septembre 2001 à la guerre de Syrie, actualité, analyses géopolitiques et cartes pour comprendre le monde d'aujourd'hui*, Paris, Éditions Chronique, 2013 (3e édition).

10. Le discours prononcé par Marine Le Pen près de Nantes le 25 mars 2012 s'appuie fortement sur cette idée, http://www.frontnational.com/videos/discours-de-marine-le-pen-a-nantes/

sur une critique renouvelée du multiculturalisme. C'est là l'instrumentalisation la plus aboutie de l'insécurité culturelle que l'on trouve aujourd'hui dans le champ politique français. Celle-ci ne consiste plus en effet en une dénonciation, au nom d'une identité française immuable, du « fait multiculturel » lui-même qui caractérise les sociétés ouvertes comme la France, ce que fait peu ou prou le FN depuis toujours, mais en une tentative de dissocier les « minorités[11] » les unes des autres, en fait, d'opposer les musulmans par rapport aux autres minorités qu'ils menaceraient (femmes, homosexuels, juifs...)[12]. Et ce, au nom du refus du relativisme culturel et, surtout, de la laïcité, dont Marine Le Pen entend s'approprier le monopole face au laxisme ou à l'apathie qu'elle dénonce de la part des autres forces politiques en la matière[13].

---

11. On rappelle que les minorités telles qu'on les identifie dans le cadre du multiculturalisme contemporain sont définies à partir de différents types de critères identitaires culturels : le sexe ou le genre, l'orientation sexuelle, l'origine géographique ou ethno-raciale, la religion...

12. Voir, notamment, Didier Lestrade, *Pourquoi les gays sont passés à droite*, Paris, Seuil, 2012 ; à l'occasion du premier tour de la présidentielle, « Pour qui ont voté les femmes ? », *Slate*, 24 avril 2012 ; et à l'occasion des manifestations pro-Gaza, « Marine Le Pen justifie l'existence de la Ligue de défense juive », *Le Monde*, 1er août 2014.

13. Voir le site du FN sur le sujet : http://www.front-national.com/le-projet-de-marine-le-pen/refondation-republicaine/laicite/

Une réponse culturaliste unique

Il s'agit là d'une stratégie bien plus sophistiquée – et donc complexe à lire et à contrer pour ses adversaires – que celle que déployait ce parti jusqu'ici. Elle permet en tout cas au FN non seulement d'élargir son offre électorale en s'adressant à des publics nouveaux, mais encore de solder quelques-uns des traits politiques qui l'ont caractérisé pendant des décennies, autour de l'antisémitisme ou de l'homophobie notamment. Ce qui ne va pas d'ailleurs sans poser de difficultés en son sein, que ce soit à propos de l'antisémitisme (avec Jean-Marie Le Pen en particulier) ou des débats internes sur l'attitude à adopter vis-à-vis des questions relatives aux mœurs et à la famille, comme à l'occasion du « mariage pour tous »[14].

Le ciblage de l'islam remplit dès lors un objectif très clair : la mise en cohérence du discours d'ensemble du parti autour de ses grands thèmes

---

14. À l'occasion des mobilisations contre le « mariage pour tous », le FN s'est divisé quant à sa participation aux différentes manifestations. Ainsi, par exemple, Marine Le Pen n'a-t-elle pas participé à ces manifestations alors que Marion Maréchal-Le Pen y a ostensiblement affiché sa présence. C'est aussi le signe que la « banalisation » du FN n'est pas un processus neutre pour ce parti. Sur des sujets de ce genre, son évolution peut en effet l'amener à s'éloigner, voire à se couper, d'une partie de sa base traditionnelle, conservatrice et catholique.

de différenciation avec les autres (mondialisation, Europe, terrorisme, modes de vie, identité française...). Il permet de réconcilier, au cœur du programme frontiste, identité et souveraineté. La ligne argumentaire du FN tend ainsi à s'articuler tout entière autour d'une forme d'« islamophobie » structurante : les musulmans, trop nombreux du fait de l'ouverture des frontières à l'immigration, seraient une menace économique en raison de la concurrence qu'ils imposent aux Français (sous-entendu « de souche ») sur le marché du travail, une menace sociale pour la cohésion nationale et la solidarité en raison du poids qu'ils font peser sur la Sécurité sociale, mais ils seraient également trop différents pour s'intégrer à la communauté nationale, en raison des préceptes (alimentaires, vestimentaires...) de leur foi et du risque de radicalisation qu'elle présente, notamment en matière de discrimination à l'égard des autres minorités, tout en pouvant conduire au terrorisme.

Un tel discours permet également de désigner plus aisément les responsables de cette situation d'insécurité culturelle générale dans laquelle se trouve le pays : les élites, ceux « d'en haut » ou de Bruxelles, le « système UMPS »... Des responsables qui, en maintenant ouvertes les frontières, en encourageant le multiculturalisme et en intervenant dans les pays « arabo-musulmans », conduisent non seulement à encourager l'immigration vers l'Europe et la France, mais sont incapables de lutter contre la crise économique et contre les problèmes identitaires que tout cela induit. Ce qui pénalise avant tout les catégories populaires autochtones, le « bas » de la société, ce « peuple » que l'on retrouve dans les territoires périurbains. Cette argumentation renoue avec un discours populiste classique autour duquel le FN et Marine Le Pen articulent leur programme politique – à l'image de nombre de leurs homologues européens.

La stratégie de focalisation sur l'islam peut aussi permettre, dans l'optique populiste, de détacher des morceaux des catégories moyennes et supérieures des centres métropolitains, de ce « haut », pour les rapprocher des catégories populaires autochtones, sur la base d'un combat pour des « valeurs » communes : liberté individuelle, égalité homme-femme, tolérance à l'égard des différents modes de vie... au-delà donc des « intérêts de classe » traditionnels qui les séparent ou les éloignent. On peut d'ailleurs comprendre cette évolution possible comme un signe supplémentaire de l'importance de plus en plus marquée de l'insécurité culturelle dans le discours du FN, puisqu'il lui permet d'élargir et de diversifier encore son électorat.

Le prisme de l'insécurité culturelle aide ainsi à mieux appréhender comment des populations très différenciées en viennent à voter pour un parti tel que le FN – en remarquant au passage que celui-ci est le seul à l'heure actuelle à connaître une telle dynamique d'agrégation. Si l'on s'en tient à la différenciation, devenue presque classique, entre un « Front du Nord » et un « Front du Sud » (en fait Nord-Est et Sud-Est puisque l'essentiel du vote FN se trouve à l'est d'une ligne Le Havre-Valence-Perpignan)[15], on constate qu'il y a deux grands parcours différents qui conduisent à ce vote.

Au sud, au sein d'un électorat frontiste déjà ancien, structuré autour de commerçants, d'artisans, de retraités, au sein duquel les chefs d'entreprise et les professions libérales sont surreprésentés par rapport à la moyenne nationale, et de la présence d'un fort contingent de rapatriés d'Algérie, le discours primordial tient au rejet de l'immigration sur des bases d'abord culturelles avant d'être économiques, notamment à partir de considérations sur la sécurité au sens très classique du terme. Le discours économique de base étant plutôt de nature antifiscaliste. Le vote FN part donc d'une forme de défense identitaire liée à la mémoire collective des épisodes coloniaux et à la forte présence de populations immigrées (essentiellement musulmanes), dans

---

15. Voir, notamment, IFOP, « Front du Nord, Front du Sud », Focus n° 92, août 2013, http://www.ifop.com/media/pressdocument/607-1-document_file.pdf, et, plus largement, Jacques Le Bohec, *Sociologie du phénomène Le Pen*, Paris, La Découverte, 2005.

les villes notamment, pour aboutir à un rejet de la politique « d'en haut », jugée trop favorable à l'immigration et trop pesante sur l'activité économique.

Le parcours « nordiste » est très différent. Le point de départ est cette fois de nature économique et sociale. La crise des bassins industriels amplifiée par la mondialisation a débouché sur une situation de chômage endémique et de forte précarité qui touche surtout les catégories populaires : ouvriers et petits employés, jeunes et retraités qui en sont issus. Le sentiment d'être abandonnés par les élites nationales et même locales – qui peuvent de surcroît être corrompues – conduit au rejet de toute politique soutenue et défendue par celles-ci, notamment en matière européenne. Or l'ouverture des frontières, l'affaissement des solidarités collectives, les délocalisations... ont rendu l'environnement profondément anxiogène, ce qui conduit à des représentations identitaires nouvelles au sein desquelles le rejet de l'immigration et des différences culturelles, en particulier liées à la religion et donc à l'islam, devient prégnant. Le vote FN se construit donc cette fois de l'économique vers le culturel, du social vers l'identitaire.

Dans ces deux parcours, on retrouve, *in fine*, les mêmes ingrédients du vote pour le FN : la défiance vis-à-vis d'élites politiques et économiques « mondialisées », qui privilégient toujours, outre leurs propres intérêts, ceux de l'« autre », et le fait que cet « autre » prend quasi systématiquement la figure du musulman, compte tenu de la nature de l'immigration récente en France et des événements de l'actualité internationale depuis de nombreuses années. C'est sans doute le rejet de la construction européenne comme « cheval de Troie » d'une mondialisation synonyme d'abaissement des frontières qui permet le mieux de comprendre ce phénomène de coagulation des électorats à partir d'intérêts objectifs différents au regard de leur situation économique et sociale de départ. Un rejet plus vif et plus systématique au sein de l'électorat FN que dans d'autres secteurs de l'opinion où il existe également.

On notera qu'autour du FN – et parfois en lien plus ou moins direct avec lui –, dans la galaxie de l'extrême droite française contemporaine, des formes vivaces de culturalisme (racisme, antisémitisme, « islamophobie »...) se développent, et qu'elles trouvent un écho particulier auprès d'une jeunesse populaire ou déclassée. Qu'il s'agisse du mouvement Égalité et Réconciliation d'Alain Soral, de la mouvance qui se retrouve autour de Dieudonné M'bala ou encore de celle du Bloc identitaire. Malgré d'importantes différences de doctrine, de rattachement historique et même d'approche politique, les réponses apportées par ces différents groupes aux questions soulevées par l'insécurité culturelle sont marquées par une prégnance très forte des caractérisations identitaires des individus et des groupes sociaux, et bien sûr des clivages qui les opposent[16].

La spécificité du FN et, au-delà, de l'extrême droite, par rapport aux autres familles et forces politiques, s'observe donc systématiquement en premier lieu du point de vue des questions identitaires et culturelles – même si celles-ci sont, une fois encore, totalement entremêlées avec les enjeux économiques et sociaux[17]. Ce qui ne veut pas dire que l'insécurité culturelle soit absente des préoccupations des autres forces politiques,

---

16. Pour se faire une idée, assez précise, de la déclinaison de la thématique identitaire, voir notamment, parmi les ouvrages issus de cette mouvance, Philippe Vardon-Raybaud, *Éléments pour une contre-culture identitaire*, Paris, IDées, 2011, et Gérald Pichon, *Sale blanc ! Chronique d'une haine qui n'existe pas*, Paris, IDées, 2013.

17. On peut l'observer nettement et de manière compréhensive dans la synthèse de l'enquête TriÉlec 2012 par Nonna Mayer, « L'électorat Marine Le Pen 2012 : un air de famille », 25 avril 2012, https://sites.google.com/a/iepg.fr/trielec/resultats-analyses/enquetes-pre-electorales/vague-t1---jour-du-vote-du-1er-tour/l%E2%80%99electoratmarinelepen2012unairdefamille. On constate également cette spécificité au travers de témoignages de primo-électeurs de Marine Le Pen à la présidentielle de 2012 recueillis par *Le Monde* : « J'ai voté FN pour la première fois », 26 avril 2012, http://www.lemonde.fr/election-presidentielle-2012/article/2012/04/26/des-primo-electeurs-de-marine-le-pen-parlent_1691971_1471069.html.

tant à droite qu'à gauche. Celles-ci connaissant aussi, depuis des années, les troubles doctrinaux, stratégiques et électoraux liés à l'émergence de l'insécurité culturelle comme enjeu politique central.

Identité nationale ou conservatisme des valeurs ?

Les clivages au sein de la droite française ont toujours mêlé les dimensions économico-sociale d'une part et de « valeurs » (nation, religion, famille) de l'autre. Dans la tripartition canonique de René Rémond, le rapport à la Révolution française a structuré la distinction entre les droites légitimiste, orléaniste et bonapartiste. Avec la révolution industrielle, l'avènement républicain et la montée en puissance de l'État social, les frontières se sont déplacées et les clivages ont évolué[18].

Sous la Ve République, le gaullisme, héritage du bonapartisme, a longtemps incarné une conception étatiste et souverainiste, même s'il a lui-même connu une division entre une forme sociale et une

---

18. René Rémond, *Les Droites en France*, Paris, Aubier, 1982 (la première édition de l'ouvrage date en fait de 1954, sous le titre *La Droite en France de 1815 à nos jours*). Une dernière édition actualisée par l'auteur a paru en 2002 sous le titre *Les Droites aujourd'hui*.

forme plus proche du capital. L'orléanisme s'est transformé en un libéralisme opposé à un État trop puissant et trop présent, et a lié son devenir politique à l'héritage d'un catholicisme social soucieux des solidarités. Il a trouvé dans l'adhésion à la construction européenne le moyen de sa projection hors des limites d'une souveraineté nationale restée largement illégitime à ses yeux. Quant à la tradition légitimiste, on la retrouve surtout, sous forme désormais anecdotique, à l'extrême droite, même si on a vu plus haut que son incarnation partisane à travers le FN n'épuisait pas le sujet.

L'opposition fondamentale qui traverse aujourd'hui la droite française – celle que l'on qualifie parfois de parlementaire ou de classique – s'articule autour de la double question de la souveraineté nationale (par rapport à la construction européenne) et de l'identité que celle-ci soit comprise en lien avec la souveraineté (à travers la question de l'immigration et de l'« identité nationale ») ou avec le conservatisme culturel (à travers la question des mœurs et de la famille notamment). La droite française a en effet été touchée de plein fouet, comme les autres familles politiques, par l'émergence des questions dites « de société » ces dernières décennies. Une émergence faite de contestation de la tradition et des institutions sur lesquelles la droite a bâti une grande partie de son équation historique.

Celles-ci ont même fini par prendre, en son sein, l'ascendant sur les divergences économiques qui pouvaient encore se faire jour dans l'affrontement autour de la question européenne au RPR, par exemple, dans les années 1990. L'unification, au début des années 2000, de différents courants sous l'étiquette « UMP » et la relative marginalisation du centre ont conduit à atténuer le poids des divergences économiques (le souverainisme étatiste anti-euro a perdu du terrain par rapport à une vision plus libérale de la nécessité de l'« ajustement structurel » et de la réduction du périmètre de l'État) au profit de stratégies davantage axées autour des « valeurs ».

On peut ainsi repérer deux positionnements de fond différents à droite. Ils ne sont pas nécessairement opposés, mais leur recoupement, en termes d'inspiration et de débouché politiques, reste partiel. Ils se rapportent cependant tous les deux à l'insécurité culturelle.

Le premier positionnement consiste à mettre en avant les questions d'identité nationale, d'immigration, et l'échec de l'intégration, celles que le parti lepéniste privilégie systématiquement et que ses électeurs placent en tête de leurs préoccupations. Cette stratégie pourrait ainsi être nommée (même si cette appellation serait refusée par ses protagonistes) : stratégie de la « course-poursuite » avec le FN. Elle a été bien personnifiée pendant la période sarkozyste par

Patrick Buisson. Dans un entretien au *Figaro* en novembre 2012[19], celui-ci résumait ainsi sa pensée : « La demande sociale et la question identitaire s'emboîtent désormais dans une même problématique », et « [l'orientation du débat sur les questions identitaires] a fortement contribué à la participation massive des catégories populaires ». Pour lui, « le discours identitaire est essentiel » et « la droite a vocation à redevenir majoritaire pour peu qu'elle ait le courage [...] de bâtir une offre sociale protectrice en direction de cette France industrielle et rurale des "perdants" de la mondialisation ».

Une telle stratégie a en effet pris corps dans le discours et l'action de Nicolas Sarkozy, dès 2007, mais surtout à partir de 2009-2010, lorsque ce dernier a lancé un « débat sur l'identité nationale[20] » et s'est mis à insister systématiquement sur ces aspects pour tenter de conserver le vote des électeurs lepénistes qu'il avait su convaincre en 2007. Ainsi, dans son fameux discours de Grenoble, le 30 juillet 2010, considéré comme le discours-clef de la radicalisation autour des

---

19. *Le Figaro*, 13 novembre 2012.
20. Un « grand débat sur l'identité nationale » est annoncé fin octobre 2009 par Éric Besson, ministre de l'Immigration, de l'Intégration et de l'Identité nationale. Il doit se dérouler dans toute la France jusqu'en février 2010. Ses modalités d'organisation (dans les préfectures) et la contestation dont il a fait l'objet ne permettront pas qu'il soit mené à son terme.

thématiques identitaires-culturelles, Sarkozy déclarait-il notamment : « Nous subissons les conséquences de cinquante années d'immigration insuffisamment régulée qui ont abouti à un échec de l'intégration. Nous sommes si fiers de notre système d'intégration. Peut-être faut-il se réveiller ? Pour voir ce qu'il a produit. Il a marché. Il ne marche plus[21]. » Cette stratégie a trouvé, après la défaite de la droite en 2012, des relais au sein de l'UMP, à travers certains « courants » du parti tels que la « Droite forte » ou la « Droite populaire »[22].

Le problème d'une telle stratégie tient à son caractère incertain au regard tant de la concurrence du FN sur ce terrain que de sa coexistence dans un même parti avec des responsables qui y sont opposés[23]. Le parti de Marine Le Pen a

---

21. http://www.la-croix.com/Actualite/Monde/Discours-de-Nicolas-Sarkozy-a-Grenoble-_NG_-2010-08-02-555076

22. Au congrès de l'UMP de novembre 2012, le courant de la « Droite forte », dirigé par Guillaume Peltier et Geoffroy Didier, derrière lequel se sont rangés les proches de Nicolas Sarkozy, est arrivé en tête des votes des militants avec près de 28 % des voix.

23. Ainsi Alain Juppé réagit-il au débat sur l'identité nationale lancé par le président de la République (en décembre 2009 sur Europe 1) : « J'ai manifesté un peu de scepticisme sur l'utilité de ce débat. Sauf si l'on pose la vraie question. Il ne faut pas se cacher la face. Elle est la suivante, la vraie question : est-ce que la France, est-ce que la République française est islamo-compatible ou pas ? Évidemment oui.

dès lors beau jeu de se prévaloir de l'adage selon lequel « les électeurs préfèrent toujours l'original à la copie » et de dénoncer les incohérences entre les différents discours tenus au sein de l'UMP sur les thématiques de l'immigration ou de l'identité nationale.

Un second positionnement, à droite, sur la question identitaire s'est fait jour depuis le retour de la gauche au pouvoir. Il est plus classique en apparence dans son propos puisqu'il consiste en ce que l'on pourrait appeler un « conservatisme des valeurs ». La stratégie ainsi adoptée vise à la fois à faire pièce à la première évoquée ci-dessus, dans le but de détacher le plus possible aux yeux de l'opinion la droite parlementaire du FN, et à rassembler sympathisants et électeurs potentiels autour de valeurs culturelles qui dépassent les questions économiques et les divisions éventuelles autour de la construction européenne.

Cette stratégie est axée autour des questions de mœurs et de vie familiale, et se présente surtout comme une défense de valeurs traditionnelles, proches en fait de celles de l'Église catholique notamment, que ce soit en opposition au mariage

---

Parce que toutes nos valeurs, précisément liberté, égalité, fraternité, laïcité, respect de l'autre, nous conduisent à dire que la société française comme elle l'a été dans le passé – parce que la France a été historiquement un grand pays d'immigration – doit être accueillante et respectueuse des différences. »

homosexuel, contre l'euthanasie ou encore contre la promotion du « genre » à l'école. C'est cette droite, institutionnelle ou non, qui s'est massivement retrouvée autour du mouvement de la « Manif pour tous » à partir de l'hiver 2012-2013 – et dans une moindre mesure, sous une forme beaucoup plus radicalisée, autour du « Printemps français » – et qui se mobilise depuis de manière bruyante sur les enjeux dits « sociétaux » contre la gauche et le gouvernement en particulier[24].

L'usage par l'UMP de ce « conservatisme des valeurs » est plus malaisé encore que celui du retour à l'identité nationale évoqué précédemment, pour trois raisons au moins.

D'abord parce qu'il consiste à courir derrière un mouvement « social » ou « sociétal » qui rassemble des citoyens qui n'ont pas nécessairement envie de se retrouver derrière tel parti politique – ils peuvent ne pas adhérer aux différentes positions prises par ce parti sur l'immigration ou sur l'économie, par exemple. On voit bien d'ailleurs que, si l'on passe de la question des frontières et de l'immigration à celle des mœurs, de la famille et de la vie, les différents positionnements de la droite parlementaire et de l'Église catholique ne se recoupent pas nécessairement. L'Église défend en effet une vision ouverte de l'espace national et

---

24. Voir Gaël Brustier, *Le Mai 68 conservateur. Que restera-t-il de la Manif pour tous ?*, Paris, Le Cerf, 2014.

de l'accueil des immigrés qui n'est pas compatible avec la thèse de la préservation d'une identité nationale « fermée ». Alors que, sur les questions de mœurs, de famille et de vie, elle défend une position conservatrice classique, même s'il peut y avoir des débats parmi les catholiques.

Ensuite parce qu'une telle stratégie recoupe aussi celle du FN, ce qui, à l'instar de l'identité nationale, brouille à nouveau les cartes et autorise toutes les interprétations. Celle d'une collusion des idées entre une partie de la droite et de l'extrême droite... Celle d'une concurrence active pour ne pas laisser le « monopole des valeurs » à l'extrême droite... La lisibilité de la manœuvre est donc à peu près nulle, d'autant qu'au FN, comme on l'a vu, les divisions existent aussi sur ces questions – alors que ce n'est pas le cas concernant les questions d'immigration et d'identité nationale.

Enfin parce que ce « conservatisme des valeurs » pose des problèmes électoraux importants à toute une partie de la droite classique. Celle qui entend conquérir ou reconquérir les grands centres métropolitains notamment, où le libéralisme culturel (sur les questions de mœurs et de vie familiale notamment) joue désormais un rôle au moins aussi important dans la détermination des comportements électoraux que l'appartenance à telle ou telle catégorie professionnelle, le niveau de revenus ou d'études. Des centres urbains qui votent plus volontiers à gauche désormais et dont les « valeurs » deviennent peu à peu dominantes dans les représentations collectives, comme on le voit avec le mariage homosexuel[25].

Face à l'insécurité culturelle, aux prises avec ces deux orientations stratégiques, et leurs limites, la droite française peut donc difficilement passer pour autonome vis-à-vis du FN. Qu'elle lui dispute un électorat commun ou qu'elle doive se résoudre à passer une alliance, plus ou moins formelle, avec le parti lepéniste pour faire avancer son programme sur les questions d'identité nationale comme « sociétales ». Au risque de laisser une partie de son électorat se réfugier sinon à gauche, du moins au centre. Si on ajoute à cela les divisions qui continuent, même de manière atténuée, de la traverser en termes économiques – entre libéraux assumés et héritiers du gaullisme interventionniste, ou, surtout, entre fédéralistes européens libre-échangistes et souverainistes protectionnistes –, on comprend que la droite parlementaire française reste dans une situation incertaine, de fragilité, avant même de prendre en considération les questions de *leadership* qui l'empoisonnent régulièrement.

---

25. Voir Fabien Escalona et Mathieu Vieira, « La social-démocratie des idéopôles. Une illustration française de la dissociation entre électorat populaire et électorat socialiste », in J.-M. De Waele et M. Vieira (dir.), *Une droitisation de la classe ouvrière en Europe ?*, Paris, Economica, 2012, p. 121-141.

Malgré toutes ces limites et ces difficultés, l'opportunité politique d'accéder à nouveau au pouvoir, nationalement et localement, lui est cependant offerte par l'état plus problématique encore, de division notamment, dans lequel se trouve la gauche. Une gauche qui, au regard de l'insécurité culturelle et des thématiques qui y sont liées, a perdu ces dernières années tout avantage comparatif en les ayant soit trop négligées, soit trop exacerbées.

CHAPITRE 7

La double impasse de la gauche

À gauche aussi, le développement des thématiques identitaires et culturelles a eu d'importantes conséquences. L'équilibre qui s'était dessiné, particulièrement au sein et autour du PS dans les années 1970, entre un programme économique et social traditionnel de rupture avec le capitalisme et une prise en compte des « nouveaux mouvements sociaux » (féminisme, mouvement gay, régionalisme, antiracisme...), nés de 1968 autour de l'idée de « changer la vie », n'a pas résisté à l'épreuve de l'exercice du pouvoir à partir des années 1980.

L'abandon progressif du programme économique traditionnel au nom des impératifs de la gestion de l'État et de la construction européenne a laissé davantage de place à l'idée que la « transformation sociale » et le « progrès » résidaient désormais dans la satisfaction des revendications identitaires des minorités culturelles. Et si, pour une partie du PS et surtout à sa gauche, la critique du capitalisme, du libéralisme économique et de la construction européenne continue d'être le cœur du discours, sinon du programme, une vision multiculturaliste des questions dites « sociétales » est en revanche devenue une source majeure d'engagement et de rassemblement.

Économisme et culturalisme

À gauche, l'insécurité culturelle est plus difficile à comprendre et encore plus difficile à reconnaître. Quand l'expression n'est pas tout simplement entendue et vue comme une intolérable concession au langage de l'extrême droite – sur le mode « en parler, c'est la valider » ! –, elle est soupçonnée d'être en elle-même une peinture culturaliste et identitaire de la réalité. Elle n'est donc, bien souvent, même pas audible. Il est indispensable de dépasser les réflexes idéologiques de certains comme l'impossibilité, pour d'autres, de penser au-delà de leurs habitudes, si l'on veut comprendre ce refus en forme de rejet. Ce n'est d'ailleurs pas la moindre vertu de l'insécurité culturelle que de permettre une interrogation approfondie sur la définition de la gauche française contemporaine et ses difficultés politiques.

La première raison pour laquelle l'observation même de l'insécurité culturelle est profondément rejetée à gauche tient à la prévalence de ce qu'Antonio Gramsci dénonçait déjà, il y a près d'un siècle, comme « économisme » : tout serait en effet déterminé, dans l'explication comme dans la prescription de solutions, par les facteurs économiques[1]. Cette habitude, aussi bien politique que méthodologique – et qui confine parfois à une forme de scientisme –, de considérer que tout rapport social ou tout acte politique dépend ou découle des seuls rapports de force qui s'établissent dans le monde productif est particulièrement bien ancrée à gauche. Tant au sein de celle qui se revendique, encore, de l'héritage plus ou moins lointain du marxisme que de celle, « moderniste » ou gestionnaire, qui n'hésite pas à se déclarer ouverte au libéralisme. Marxistes et libéraux partageant volontiers l'illusion ou le « sophisme économiciste[2] ». C'est d'ailleurs de là que vient l'idée, aujourd'hui très courante, que l'amélioration de la conjoncture économique

---

1. Gramsci qualifie l'« économisme » qu'il critique d'« infantilisme primitif ». Il consiste à voir dans ce que Marx appelait « infrastructure » (rapports économiques) le déterminant premier et absolu de la « superstructure » (représentations politiques, religieuses, culturelles…). *Cahiers de prison*, n° 7 (24), Paris, Gallimard, 1978-1996.

2. L'expression est de Karl Polanyi, qui a beaucoup étudié et critiqué ce déterminisme économique. Voir notamment *The Livelihood of Man*, Bennington, Academic Press, 1977 (édition posthume de H.W. Pearson) et, en français, *Essais de Karl Polanyi*, Paris, Seuil, 2002.

permet de régler à coup sûr toute crise, et donc de répondre à tout questionnement identitaire qui traverse aujourd'hui la société.

L'insécurité culturelle est aussi, et paradoxalement, difficile à entendre à gauche parce qu'une partie de celle-ci est volontiers « culturaliste »[3]. Ce culturalisme est néanmoins sélectif et ciblé puisqu'il reconnaît l'usage de la surdétermination culturelle comme un élément positif et légitime uniquement lorsqu'il concerne certains groupes sociaux : les minorités – dont les membres sont « dominés » ou « discriminés ». En revanche, toute surdétermination culturelle devient un élément péjoratif et illégitime lorsqu'elle concerne le groupe « majoritaire », c'est-à-dire, en clair, dans le cadre du multiculturalisme contemporain, les hommes blancs, hétérosexuels, autochtones, etc.[4].

Un tel culturalisme normatif et sélectif est généralement construit et défendu à gauche, que ce soit en politique, dans les médias ou dans les

---

[3]. Jean-Loup Amselle lui a trouvé un nom qui lui correspond parfaitement : la « gauche multiculturelle et postcoloniale ». Voir son entretien « Revendications identitaires : "la discrimination positive est une escroquerie" », *Marianne*, 25 juin 2012, http://www.marianne.net/l-arene-nue/m/Revendications-identitaires-la-discrimination-positive-est-une-escroquerie_a64.html?com

[4]. On renverra ici à notre développement du chapitre 4 : « Minorités et catégories populaires ».

sciences sociales, à partir d'un propos préalable qu'il entend servir de toutes les manières possibles. Il a surtout pour effet de caractériser toute attitude hostile ou critique à une telle revendication culturaliste comme relevant elle-même de la domination ou de la discrimination : sexisme, homophobie, racisme, etc. Ainsi ce qui doit être légitimement combattu sert-il aussi à désigner tout ce qui n'est pas conforme à une telle vision du monde préalable.

Toute tentative d'exposition et de compréhension de l'insécurité culturelle est dès lors prise en étau, dans la pensée comme dans la pratique politique de la gauche, entre un économisme faisant souvent écran à l'observation elle-même et un culturalisme masquant délibérément une partie de ce qu'il prétend pourtant révéler par ailleurs dans la société.

Politiquement, de telles contraintes ont contribué à rendre le combat de la gauche contre le Front national, depuis trente ans, sinon vain, du moins inefficace. Ne pas pouvoir ou ne pas vouloir voir, et donc comprendre, que le FN s'est construit comme une réponse politique à l'insécurité culturelle qui traverse la société française, et plus spécifiquement les catégories populaires, a en effet conduit la gauche à limiter ses propres réponses au défi frontiste à une gestion technique froide et matérialiste des déterminants économiques et à une condamnation moralisatrice de l'attitude des électeurs du FN. Toute autre réponse sortant de ce cadre étroit étant immédiatement dénoncée comme « faisant le jeu du FN » ou « participant à la lepénisation des esprits »[5].

L'échec du combat de la gauche contre le FN est aujourd'hui patent – même s'il n'est pas la seule explication des succès du parti lepéniste, bien évidemment. Ce dernier réalise des scores électoraux élevés et connaît, sous le *leadership* de Marine Le Pen, une dynamique politique inédite qui conduit à s'interroger désormais sur sa possible accession au pouvoir au niveau national. Le constat d'un échec des stratégies de lutte contre le FN adoptées par la gauche depuis trente ans devrait donc, *a minima*, permettre l'ouverture d'un débat, au centre duquel se trouve la question de l'insécurité culturelle.

Cette faillite du combat contre le FN est celle de la gauche dans son ensemble. Ce n'est pas uniquement celle, souvent dénoncée, de sa variante « modernisatrice » et européiste. La gauche dite « critique », ou encore autoproclamée « gauche de la gauche », porte de ce point de vue la même responsabilité historique que son homologue

---

5. On lira, à titre d'exemple de cette dénonciation, Éric Fassin, « La triste droitisation du PS », *Le Monde*, 24 octobre 2013, http://www.lemonde.fr/idees/article/2013/10/24/triste-droitisation-du-ps_3501774_3232.html

sociale-libérale. En effet, l'idée que le FN aurait pu ainsi progresser et s'ancrer dans la société française parce que l'orientation de la politique économique aurait été trop libérale relève de la même illusion économiciste que celle qui consiste à dire que c'est en libéralisant une économie trop étatique et nationale, et en développant l'Europe fédérale, que l'on peut le mieux combattre le populisme d'extrême droite. Les deux accusations et les deux imputations de l'échec sont symétriques.

Et ce, d'autant que l'illusion économiciste partagée par toute la gauche n'empêche pas celle-ci de se retrouver sur la même ligne culturaliste : celle d'une extension continue des droits des membres des minorités au nom de la poursuite du mouvement d'émancipation des individus et de l'égalité dont la gauche se veut la porteuse historique exclusive.

L'insuffisance de l'explication économique

On trouve des exemples contemporains très significatifs de cette double impasse, à la fois économique et culturaliste donc, à gauche, dans les stratégies, pourtant alternatives, proposées d'un côté par Jean-Luc Mélenchon et le Parti de gauche, et de l'autre par la « gauche de gouvernement » telle qu'elle se donne à voir depuis 2012 notamment.

Le questionnement sur l'insécurité culturelle dont témoigne le présent ouvrage est né entre les deux tours de l'élection présidentielle de 2012, et plus précisément de l'écart constaté entre le résultat de Marine Le Pen et celui de Jean-Luc Mélenchon : 17,9 % des suffrages exprimés (soit 6 421 426 voix) contre 11,1 % (soit 3 984 822 voix) dans un contexte de forte participation (près de 80 % des inscrits)[6]. Alors même que les deux candidats se sont disputé pendant toute la campagne les suffrages des catégories populaires, se prétendant leur porte-voix – au point d'être tous les deux désignés comme « populistes » –, et qu'ils ont proposé des programmes économiques sinon équivalents, du moins proches, fondés sur une critique du capitalisme et de la mondialisation, le retour de l'État et des services publics[7].

---

6. Voir notre article « Comment la gauche gerera-t-elle l'insécurité culturelle révélée par le vote Marine Le Pen », *Le Monde*, 24 avril 2012, http://www.lemonde.fr/idees/article/2012/04/24/comment-la-gauche-gerera-t-elle-l-insecurite-culturelle-revelee-par-le-vote-marine-le-pen_1690482_3232.html

7. Pendant la campagne présidentielle de 2012, les courbes d'intention de vote pour Le Pen et Mélenchon s'étaient rapprochées de manière très nette entre le mois de janvier et le premier tour, le 22 avril. Ainsi, Le Pen était à 19 % et Mélenchon à 6 % dans le sondage IFOP du 6 janvier et à 17 % et 8 % dans le sondage BVA du 7 janvier. Le 17 avril, quelques jours avant le premier tour, Le Pen était à 17 % et Mélenchon

Depuis 2012, l'écart électoral entre les deux mouvements, incarnés très fortement par la personnalité de leurs présidents respectifs, s'est encore creusé. Une question générale a fini d'ailleurs par se poser à mesure que l'élection de 2012 s'éloignait : comment se fait-il que la « gauche de la gauche », le Front de gauche en particulier, ne bénéficie pas des difficultés, notamment économiques, de la gauche gouvernementale ? Et, plus particulièrement, du soutien de la part de catégories populaires mécontentes de l'action du président de la République et de la majorité ?

Si l'on s'en tient aux déterminants socio-économiques, on constate une différence marquée en termes d'électorat entre FN et Front de gauche, puisque les catégories populaires se mobilisent davantage, depuis 2012, pour le parti lepéniste que pour le parti mélenchoniste. En effet, si l'on prend en compte le différentiel obtenu pour les CSP d'électeurs par rapport au résultat sur l'ensemble des votants de chacun des deux candidats à la présidentielle, on s'aperçoit que, chez les « ouvriers », Mélenchon, avec 18 % des voix, est 7 points au-dessus de ses 11,1 % sur l'ensemble, alors que Le Pen, à 33 %, est

---

à 15 % (Ipsos et BVA, le 19 avril, donnent même les deux candidats quasi à égalité, autour de 15 %). Voir la courbe synthétique des différents instituts réalisée par *Le Parisien*, http://www.leparisien.fr/election-presidentielle-2012/courbe-sondages/

15 points au-dessus de ses 18,3 % ; dans la catégorie « employés », Mélenchon, à 11 %, est au même niveau que son résultat d'ensemble, alors que Le Pen, à 28 %, est 10 points au-dessus. Si l'on prend en compte le niveau de diplôme, l'écart est encore plus frappant : Mélenchon, avec 12 % des « sans-diplôme », est à peine à 1 point de son résultat d'ensemble, alors que Le Pen, avec 49 % de cette catégorie, est à plus de 30 points au-dessus de son résultat global. À l'autre bout de l'échelle, Mélenchon, avec 8 % chez les « diplômés du supérieur », est 3 points en dessous, alors que Le Pen, avec 7 %, enregistre une différence négative de 11 points[8].

L'explication d'une telle différence dans les catégories populaires (CSP, niveau de diplôme...) pourrait bien se trouver dans la distance entre le discours tenu par Jean-Luc Mélenchon pendant la campagne présidentielle et le programme proposé par le Front de gauche. En effet, si le discours du leader du Front de gauche – développé avec beaucoup d'habileté oratoire et médiatique par celui-ci – s'adresse en priorité aux victimes et aux perdants de la mondialisation, et plus largement à tous ceux qui n'en bénéficient pas à cause de la prédation capitaliste de l'essentiel des richesses

---

8. IFOP, sondage « Jour du vote », premier tour de la présidentielle, 22 avril 2012, http://www.ifop.com/?option=com_publication&type=poll&id=1848

qu'elle génère, en revanche le programme qu'il propose pour remédier à cet accroissement des inégalités vise, lui, essentiellement, à l'augmentation de la dépense publique, du nombre d'agents publics (de fonctionnaires notamment) et, plus largement, du champ d'intervention de l'État et des collectivités publiques.

Or les premières victimes de la mondialisation et de la montée des inégalités qui y sont liées (chômage, précarisation de l'emploi, délocalisation, concurrence salariale, baisse du pouvoir d'achat, etc.) ne sont pas nécessairement les premiers bénéficiaires des mesures de renforcement du service public – sinon dans une perspective d'assistance ou de traitement social du chômage par exemple. C'est notamment le cas, comme on l'a vu au chapitre précédent, en termes de territoires. D'autant que la préoccupation vis-à-vis de l'augmentation des impôts s'est fortement accrue ces dernières années, au point de devenir un sujet majeur pour l'ensemble des Français, à hauteur de l'emploi ou du pouvoir d'achat. Une augmentation des impôts qui apparaît comme le corollaire inévitable de la dépense publique[9].

---

9. Dans l'enquête Ipsos-Steria « Fractures françaises » de janvier 2014, les impôts et les taxes (43 %) arrivent en deuxième position des « préoccupations des Français », derrière le chômage (56 %). Mais la progression par rapport à la même enquête l'année précédente est frappante : +16 points

Une telle explication, économique, n'est pourtant pas suffisante. Elle ne permet pas de dire pourquoi les électeurs, issus des catégories populaires en particulier, choisissent davantage le FN que le Front de gauche, alors que leurs programmes économiques sont assez proches[10]. Il faut donc y ajouter un autre type d'explication : celle des réponses des deux partis aux questions soulevées par l'insécurité culturelle. C'est la différence faite par Marine Le Pen sur ce terrain qui permet le mieux d'expliquer pourquoi elle a devancé Jean-Luc Mélenchon de près de 7 points le 22 avril 2012, et pourquoi le FN a largement débordé le Front de gauche, depuis, auprès de l'électorat populaire notamment.

Au premier tour de la présidentielle, les électeurs qui ont voté Le Pen l'ont d'abord fait en fonction de la thématique de l'immigration (66 %), avant celle du pouvoir d'achat (41 %),

---

pour les impôts et taxes, stabilité pour le chômage. Il s'agit de l'item qui a le plus progressé en un an.

10. On trouve des éléments de comparaison utiles des deux programmes dans la presse, voir notamment « Le FN est-il (économiquement) de gauche ? », Agora Vox, 24 mai 2012, http://www.agoravox.fr/actualites/economie/article/le-fn-est-il-economiquement-de-117357, et Hélène Bekmezian, « Ressemblances et différences entre les programmes de Mélenchon et Le Pen », lemonde.fr, 20 janvier 2012, http://www.lemonde.fr/election-presidentielle-2012/article/2012/01/20/melenchon-et-le-pen-quelques-ressemblances-et-beaucoup-de-differences_1632143_1471069.html

de la sécurité des biens et des personnes (37 %) et de l'emploi (26 %) ; en décalage avec les préoccupations de l'ensemble des électeurs, pour lesquels le pouvoir d'achat (45 %) et l'emploi (38 %) arrivent largement devant l'immigration (20 %) et la sécurité (17 %)[11]. Et ce, alors même que Mélenchon, dans l'un de ses plus importants discours de campagne, à Marseille, sur les plages du Prado, une semaine avant le premier tour, a longuement insisté sur le caractère indispensable de l'ouverture des frontières à l'immigration et sur l'absence de tout « choc des civilisations » entre les « deux rives de la Méditerranée »[12].

Ce hiatus entre, d'une part, un programme économique très interventionniste nécessitant un contrôle étroit des frontières (nationales ou européennes) en matière de circulation des capitaux, des biens et des services et, d'autre part, une vision internationaliste ouverte et généreuse de la circulation des personnes fournit une explication assez convaincante de la difficulté du leader du Front de gauche à rallier plus largement les suffrages des milieux populaires. Ceux-ci sont

---

11. Enquête CSA, « Jour du vote », publiée le 24 avril 2012, http://www.csa.eu/multimedia/data/sondages/data2012/opi20120422-sondage-jour-du-vote-premier-tour-election-presidentielle-2012-raisons-du-choix-et-profil-des-electorats.pdf

12. http://www.jean-luc-melenchon.fr/2012/04/14/discours-sur-les-plages-du-prado-a-marseille/

en effet, comme on l'a dit, davantage soumis aux aléas de la mondialisation et de l'abaissement des frontières que d'autres, qu'il s'agisse des capitaux, des biens et services ou des mouvements migratoires dans leurs conséquences à la fois économiques et culturelles. Et la valorisation, dans ce discours de Marseille, d'une immigration « méditerranéenne » comme d'un élément indispensable et même consubstantiel de la culture française semble renvoyer clairement à l'interprétation culturaliste à laquelle on faisait référence plus haut.

C'est donc bien le prisme de l'insécurité culturelle qui permet, sur ce point précis, de mieux comprendre le rapport entre les effets (*a priori* négatifs) de la mondialisation, sur lesquels s'appuient les programmes économiques des deux formations, et ceux (*a priori* positifs) d'un internationalisme maintenu pour le Front de gauche contre l'idée de fermeture des frontières nationales au FN. Cela permet aussi de constater en la matière un net avantage électoral en faveur de Marine Le Pen. Un avantage dû à une forme de « cohérence protectionniste » puisque le contrôle étroit des frontières qu'elle propose s'étend de manière continue des capitaux aux personnes en passant par la monnaie (sortie de l'euro), et qu'il s'applique à un cadre national connu et apparemment maîtrisable, contrairement à celui de l'Europe.

Cela permet au FN de mettre en perspective à la fois sa critique de la mondialisation, celle de l'Union européenne, celle de l'immigration, celle des choix économiques des partis de gouvernement, droite et gauche confondues, celle des élites qui les soutiennent, et celle des risques de modification des modes de vie que fait peser sur le territoire national et les populations « autochtones » l'ouverture des frontières. Ce qui lui permet aussi, *in fine*, de rendre audible, sinon crédible, auprès des catégories les plus modestes en particulier, son programme économique et social centré sur le maintien de la dépense publique et l'amélioration des services publics, puisque le contrôle strict des frontières et de l'immigration permet d'en réserver le bénéfice aux nationaux en en excluant les étrangers[13].

Face à ce qui apparaît comme une cohérence interne de la « proposition » politique frontiste – de l'économique au culturel –, la gauche semble avoir beaucoup de mal à articuler les siennes les unes par rapport aux autres, sans qu'elles paraissent contradictoires, sinon antagonistes.

---

13. Le programme à la fois protectionniste et « anti-immigrationniste » du FN a suscité quelques tentatives d'évaluation, notamment quant à ses conséquences sur l'économie française. Voir en particulier le dossier qu'y a consacré *Le Monde* du 27 novembre 2013, http://www.lemonde.fr/politique/article/2013/11/27/le-programme-du-fn-produirait-un-profond-et-durable-appauvrissement_3520932_823448.html

Le cas de la « gauche de la gauche », vue ici sous les traits du Front de gauche, n'est d'ailleurs pas unique en la matière. L'autre grande proposition politique disponible, celle de la « gauche de gouvernement », que l'on peut observer sous les traits du Parti socialiste (malgré les divergences internes qui le traversent), ne semble pas mieux à même de saisir le questionnement politique soulevé par l'insécurité culturelle.

Gouverner au risque du libéralisme économique et culturel

On retrouve en effet dans l'action de la gauche de gouvernement, depuis 2012 bien sûr, mais aussi dans son projet politique d'ensemble depuis des années, le même problème structurel que celui que l'on vient de décrire pour la « gauche de la gauche » : c'est-à-dire à la fois un aveuglement économiciste et un fort biais culturaliste.

Du point de vue économique, les différences entre les deux propositions disponibles à gauche sont évidemment substantielles. Même si on a pu constater depuis deux ans que l'augmentation des impôts continue d'y jouer un rôle important, la diminution des dépenses publiques à des fins de réduction du déficit et de ralentissement de l'augmentation de la dette publique rend l'orientation économique de la « gauche de gouvernement » nettement plus libérale. *A fortiori* quand les quelques marges budgétaires restantes sont utilisées dans le cadre d'une « économie de l'offre », comme c'est le cas avec le « pacte de responsabilité » annoncé par le président de la République en janvier 2014. L'autre grande différence entre les deux gauches renvoie à l'adhésion de la « gauche de gouvernement » à la construction européenne telle qu'elle se pratique depuis plus de vingt ans : transfert de souveraineté du niveau national au niveau européen, notamment en matière monétaire, développement systématique du libre-échange, ouverture des frontières et de la concurrence sur les marchés nationaux, etc.

Pour un parti comme le PS, une telle évolution correspond, dans le discours et dans la pratique – avec parfois quelques variations entre les deux –, à une forme de normalisation européenne du parti, sur le modèle de ses homologues socialistes, sociaux-démocrates et travaillistes. Tous ont en effet, ces dernières années, appuyé ou mis en œuvre, en matière économique et sociale, des « réformes structurelles » conduisant à un modèle « social-libéral » soumis aux règles européennes[14]. L'idée sous-jacente étant que l'application de telles réformes, et d'une telle

---

14. On trouve un état des lieux récents et complet sur ce sujet dans Jean-Michel de Waele, Fabien Escalona et Mathieu

« normalisation », devrait permettre à la France de renouer, après une période d'austérité due aux ajustements de son modèle de dépenses publiques (la France, avec 57 % du PIB, possède le taux de dépenses publiques le plus élevé de l'Union européenne), avec la croissance et une baisse du chômage, et donc, mécaniquement, de rompre avec le pessimisme et la défiance qui la caractérisent depuis longtemps maintenant en Europe[15].

L'aveuglement économiciste consiste ici à voir dans l'amélioration espérée ou attendue des conditions économiques et sociales d'ensemble un remède aux difficultés multiples que traverse la société française contemporaine. Outre que les inégalités de conditions et de revenus peuvent difficilement être réglées par une amélioration macroéconomique de ce genre – les exemples des autres pays européens ne sont pas encourageants de ce point de vue[16] –,

---

Vieira (dir.), *The Palgrave Handbook of Social Democracy in the European Union*, New York, Palgrave-MacMillan, 2013.

15. Voir, notamment, Yann Algan et Pierre Cahuc, *La Société de défiance : comment le modèle social s'autodétruit*, Paris, Éditions de la Rue d'Ulm-Cepremap, 2007.

16. Le débat sur l'efficacité des politiques d'ajustement structurel et d'austérité budgétaire nourrit une abondante littérature. Outre les déclarations nombreuses sur le sujet du prix Nobel Joseph Stiglitz, on signalera, entre autres, le rapport de l'ONG Oxfam, « Le piège de l'austérité. L'Europe s'enlise dans les inégalités », *Document d'information Oxfam*, septembre 2013, http://www.oxfam.org/sites/www.

les éléments non économiques de la « crise » sont ici encore considérés comme secondaires ou dépendants de l'économie. Le vieux schéma marxiste évoqué plus haut d'un lien hiérarchique entre « infrastructure » et « superstructure » persiste.

À cet aveuglement vient s'ajouter le biais culturaliste que l'on trouve partout ou presque à gauche depuis une quarantaine d'années. Le propos est donc le même, peu ou prou, que pour la « gauche de la gauche ». Depuis 2012, c'est d'ailleurs autour de thématiques culturelles et sur les sujets dits « sociétaux » que la gauche dans son ensemble s'est montrée le plus souvent unie face à la droite et au FN. Les différences en la matière sont en effet moins sensibles sur ce terrain que sur le champ économique. Les gauches partagent très largement une même vision multiculturaliste et ouverte de la société, même si cela peut s'exprimer sous des formes et à des degrés différents dans les discours et les grands choix politiques.

Au fond, l'idée commune à gauche reste celle d'une émancipation individuelle prioritairement, sinon exclusivement, réservée aux membres des minorités identitaires-culturelles telles qu'on les a définies plus haut. Ce sont eux qui souffrent des discriminations en raison de leurs différences identitaires. Ils sont donc les seuls en droit de se

---

oxfam.org/files/bp174-cautionary-tale-austerity-inequality-europe-120913-fr_0.pdf sentir en insécurité de ce point de vue, surtout vis-à-vis d'une majorité structurellement considérée comme dominatrice et oppressive. Cette dernière ne pouvant vivre, au mieux, que des situations d'insécurité économique et sociale. Tout débordement ou revendication de caractère identitaire ou culturel de la part des membres de celle-ci étant potentiellement vu, lui, comme raciste, sexiste, homophobe, etc.[17].

Une telle addition (aveuglement économiciste *plus* biais culturaliste) aboutit politiquement à une impasse, comme pour la « gauche de la gauche ». À la différence près que l'enjeu ici n'est plus celui d'une concurrence directe avec le FN pour séduire les perdants de la mondialisation ou les catégories populaires, mais celui de la construction d'un socle électoral suffisamment large et, surtout, suffisamment solide dans le temps pour soutenir un exercice durable du pouvoir par la gauche. Ce que l'on a pu observer depuis 2012 a apporté de ce point de vue une démonstration édifiante de l'impossibilité qu'il y a à gouverner et surtout à « réformer » la société sans une telle base politique.

La nécessité de bâtir une coalition majoritaire pour emporter l'élection présidentielle puis les législatives dans le système de la Ve République

---

[17]. On renverra au développement que l'on consacre à ce sujet dans le chapitre 4.

pousse à une forme de mensonge politique nécessaire du candidat qui veut gagner. C'est ce qu'a fait, comme d'autres avant lui, François Hollande en 2012. Et, comme toujours, le décalage entre les promesses faites, notamment à l'occasion du discours fondateur de sa campagne au Bourget en janvier 2012[18], et la politique qu'il mène depuis qu'il a été élu a conduit à des déceptions – jusqu'au sein même de la majorité du PS. L'absence de résultats de la politique économique choisie et les efforts qu'elle demande expliquent aussi la profondeur de ces déceptions « programmatiques ». Pourtant, celles-ci, portant sur l'économique, n'expliquent qu'en partie l'ampleur de l'échec politique actuel.

L'explication est plus profonde et plus structurelle à la fois. Elle vient de plus loin que la seule séquence 2012-2014 interprétée sur le mode classique du décalage entre conquête et exercice du pouvoir.

Ce à quoi on assiste aujourd'hui est l'aboutissement d'une évolution de longue haleine, commencée il y a plus de trente ans avec la première arrivée de la gauche au pouvoir sous la Ve République en 1981 et le premier « tournant » gestionnaire qu'elle a connu, dès 1982-1983. Le

---

18. http://www.lejdd.fr/Election-presidentielle-2012/Actualite/L-integralite-du-discours-de-Francois-Hollande-au-Bourget-467953

projet de cette « gauche de gouvernement » est encore très largement dans la continuité de ce qui a été fait et pensé à l'époque – ce sont d'ailleurs en partie les mêmes responsables politiques qui l'ont soutenu et mis en œuvre pendant toute la période. Il est constitué de deux grandes dimensions : d'une part une adaptation pragmatique, pas toujours totalement maîtrisée ou acceptée, à l'économie de marché et au capitalisme mondialisé à travers la construction européenne en particulier ; d'autre part une conversion doctrinale, largement impensée, quant à elle, à une vision à la fois individualiste et multiculturelle de la société.

Il s'agit en fait de l'acceptation, même si elle n'est pas explicitement reconnue, de la part d'une grande partie de la gauche française, au PS tout particulièrement, de la prévalence idéologique du libéralisme dans tous les domaines[19]. Au risque, majeur, d'une confusion avec d'autres forces politiques, au centre et à droite de l'échiquier politique, et donc d'une perte de spécificité en même temps que de légitimité aux yeux d'un électorat lui-même en mutation. Une telle conversion a eu, bien entendu, des conséquences importantes en

---

19. On se permettra de renvoyer sur le sujet à notre texte « Les socialistes, le néolibéralisme et le "monstre doux" », in Martine Aubry *et al.*, *Pour changer de civilisation*, Paris, Odile Jacob, 2011, p. 123-130.

termes de choix de politiques publiques à l'occasion des différentes prises de pouvoir national – mais aussi local – du PS et de ses alliés : en 1981-1983 bien sûr, mais aussi en 1988, 1997, et depuis 2012. Le discours lui-même a d'ailleurs changé au cours de cette période, s'adaptant largement à l'évolution idéologique.

On a ainsi assisté, afin de légitimer l'action publique et le projet politique, à l'effacement de l'objectif d'émancipation collective à partir des rapports de force socio-économiques (au nom du peuple ou de la classe), au profit de l'idée d'une émancipation individuelle à partir des opportunités et des droits reconnus à chacun (en fonction, par exemple, de son lieu de vie ou de certains critères de son identité). La première conséquence d'une telle évolution a été le passage de la gauche française (qu'elle soit révolutionnaire ou réformiste) d'une force de transformation sociale, collective et universaliste, à une simple force d'amélioration « sociétale » et morale de la situation relative de certains individus et de certains groupes sociaux. Le statut de l'égalité lui-même dans le discours de la gauche témoigne de cette évolution. Longtemps objectif affiché de la transformation sociale, l'égalité est devenue une « valeur » paravent, convoquée notamment dès qu'il s'agit d'authentifier comme « de gauche » n'importe quelle réforme en faveur de telle ou telle catégorie particulière de citoyens.

Cette réduction du projet historique d'émancipation collective à une juxtaposition d'attributions de droits à une partie de plus en plus étroite de la population n'a toutefois pas provoqué de réactions suffisamment vives et mobilisatrices pour être réellement contestée. Ce qui témoigne bien du fait que l'ensemble de la gauche française, y compris dans ses secteurs qui se réclament encore du marxisme ou de la révolution, a plus ou moins explicitement fait sienne l'évolution libérale rapidement décrite ici. Quand ce n'est pas directement sous sa forme économique, c'est en tout cas sous sa forme culturelle.

Aujourd'hui, cette évolution semble néanmoins avoir atteint son terme. Ne serait-ce que parce que, pour la première fois dans l'exercice du pouvoir au niveau national, aucune grande réforme sociale symbolique, marquant l'ancrage historique à gauche, n'a été votée. Alors qu'en 1981 il y avait eu, entre nombre d'autres, la retraite à soixante ans, en 1988 le RMI ou encore en 1997 les « 35 heures », cette fois rien de comparable ne s'est produit. Même si, parallèlement à ces grandes réformes, les gouvernements de gauche menaient des politiques d'adaptation à l'économie de marché et de soumission à la contrainte européenne (comme ce fut le cas par exemple de la politique de dérégulation des marchés de Pierre Bérégovoy dans les années 1980, ou celle de privatisation sous le gouvernement de Lionel

Jospin), un équilibre était néanmoins préservé, et la continuité historique de la gauche clairement affichée. Cette fois, l'absence d'une grande réforme sociale qui puisse rester comme un symbole incontestable et durable a laissé un vide. Ce qui conduit à un déséquilibre inédit dans l'histoire des passages de la gauche au pouvoir sous la Ve République. Et ce d'autant que l'affirmation d'un cap économique alliant « politique de l'offre » et ajustement structurel n'avait jamais été aussi clairement et nettement énoncée de la part d'un gouvernement de gauche.

Or ce déséquilibre en faveur de la « nécessaire adaptation aux réalités économiques » est loin d'être compensé comme seul « marqueur idéologique » de la gauche par l'insistance mise depuis des années sur les questions de société (celles liées aux caractéristiques identitaires des uns et des autres, à la religion, aux mœurs, à la famille...). Si social et « sociétal » ne sauraient être brutalement opposés, il est néanmoins impossible de prétendre faire reculer les inégalités les plus criantes dans la société ou d'assurer un minimum de progrès social en se contentant d'attribuer des droits individuels, si légitimes soient-ils, à quelques-uns, au nom de tel ou tel critère identitaire-culturel lié à la personne, qu'il s'agisse du genre ou de l'orientation sexuelle par exemple. Ce qui a été fait, bruyamment, depuis 2012 sur la gauche.

Un tel déséquilibre trouve nécessairement sa traduction en termes électoraux. Comme illusion dans un premier temps – que des circonstances particulières peuvent masquer, comme ce fut le cas à la présidentielle de 2012 pour François Hollande face à un Nicolas Sarkozy sortant et très controversé –, comme dilution ensuite – une fois la réalité nue du projet révélée par l'exercice du pouvoir.

Ainsi, en prévision de la campagne électorale de 2012, le *think tank* « progressiste » Terra Nova, proche du PS, avait su synthétiser le lien entre l'idéologie dominante qui régnait dans le parti et ce que l'on pouvait en attendre électoralement. Révélant en quelque sorte à haute voix ce que le parti n'osait pas avouer et même s'avouer depuis des années : l'abandon pur et simple de catégories populaires vouées à l'abstention et au FN en faveur d'une « nouvelle coalition », composée de groupes plus ou moins cohérents mais aux critères identitaires affirmés (les diplômés, les jeunes, les « minorités et les quartiers populaires » de la « France de la diversité » et les femmes) et aux « valeurs » dites progressistes. Dans ce rapport, les rédacteurs précisaient : « Contrairement à l'électorat historique de la gauche, coalisé par les enjeux socioéconomiques, cette France de demain est avant tout unifiée par ses valeurs culturelles, progressistes : elle veut le changement, elle est tolérante, ouverte, solidaire, optimiste, offensive. C'est tout particulièrement vrai pour les diplômés, les jeunes, les minorités. Elle s'oppose à un électorat qui défend le présent et le passé contre le changement, qui considère que "la France est de moins en moins la France", "c'était mieux avant", un électorat inquiet de l'avenir, plus pessimiste, plus fermé, plus défensif[20]. »

Lors de la présidentielle de 2012, Hollande a, malgré tout et heureusement pour lui, obtenu la majorité des voix des catégories populaires, indispensables à une victoire présidentielle dans un contexte de forte participation électorale[21]. Pourtant, en mettant en avant comme réforme symbolique de l'accession de la gauche au pouvoir le « mariage pour tous », une réforme « sociétale » donc, c'est bien à la « coalition progressiste » souhaitée par Terra Nova qu'il a reconnu devoir sa victoire plutôt qu'aux catégories populaires – qui ont été privées, elles, de la grande réforme sociale qu'elles pouvaient espérer, une réforme fiscale, par exemple, cette fois.

---

20. Olivier Ferrand, Bruno Jeanbart et Romain Prudent, « Gauche : quelle majorité électorale pour 2012 ? », rapport de la Fondation Terra Nova, 10 mai 2011, http://www.tnova.fr/essai/gauche-quelle-majorit-lectorale-pour-2012

21. Nettement devancé par Marine Le Pen au premier tour chez les CSP- (ouvriers et employés) : 25 % contre 30 % (IFOP), le candidat de la gauche l'emporte nettement au second dans les mêmes catégories face à Nicolas Sarkozy : 54 % contre 46 % (Opinionway).

Dans de telles conditions politiques, et en l'absence de tout résultat positif de la politique économique choisie, le socle électoral qui a permis la victoire en 2012 ne pouvait pas tenir très longtemps, l'effondrement dans l'opinion du président de la République comme du PS aux différentes élections « intermédiaires » devenant inévitable. Il a été à la fois accéléré et accru par la fragilité vite révélée, face aux exigences de l'action gouvernementale et aux choix entre les différents intérêts en jeu, de cette « coalition progressiste », alors même qu'elle était supposée pallier la défection de l'électorat traditionnel de la gauche. Mais, outre qu'elle n'était pas, dans sa « conception » même, constituée d'électorats cohérents et aux intérêts communs, elle comportait structurellement un risque d'affrontement identitaire entre ses différentes composantes dès lors qu'une décision publique menaçait de favoriser l'une par rapport à l'autre.

C'est précisément ce qui s'est passé, à l'occasion du long débat autour du « mariage pour tous », et dans une moindre mesure avec la mobilisation gouvernementale autour du « genre », à l'école notamment. Ces choix pourtant affichés « au nom de l'égalité » par la majorité sont en effet vite apparus comme privilégiant les déterminants identitaires (orientation sexuelle, genre) de certaines des composantes de la « coalition progressiste » (homosexuels, femmes) au détriment des critères (religion, valeurs familiales) d'autres composantes de cette même coalition (« minorités et quartiers populaires » dans la terminologie de Terra Nova)[22]. Aux « déçus » de la politique économique du gouvernement se sont alors ajoutés les « trahis » de sa politique « sociétale ». La chute était écrite dès le scénario annoncé. Depuis, d'autres mécontents sont venus encore grossir le cortège, ceux qui voudraient aller plus loin encore que ce qu'ils ont déjà obtenu avec le mariage et l'adoption des couples homosexuels, avec la procréation médicalement assistée (PMA) et la gestation pour autrui (GPA). Les rangs de l'abstention, voire d'autres forces politiques, bénéficiant à plein de cette débandade sondagière et électorale d'une rapidité inédite.

La « gauche de gouvernement » peut donc être vue ici comme une victime responsable sinon consentante de choix, économiques et culturels, dont elle n'a pas su ou voulu comprendre assez tôt les conséquences.

Cette double dérive idéologique de la gauche, vers un économisme illusoire (qu'il soit étatiste ou libéral, peu importe au fond) et vers un culturalisme ciblé servant d'échappatoire à cette impasse économiciste mais tout aussi vain, contribue à ancrer encore un peu plus fortement

---

22. Voir sur le sujet notre développement dans le premier chapitre sur l'insécurité « sociétale ».

dans le paysage social et politique français l'insécurité culturelle. Au moins autant, de ce point de vue, que les dérives identitaires ou conservatrices d'une droite que la gauche ne manque pourtant pas de dénoncer. Cette dérive de la gauche contribue en effet fortement à la disparition des collectifs universels, sociaux et protecteurs qui ont pourtant constitué son histoire et sa téléologie politique. Et cela, circonstance aggravante, en privilégiant et en promouvant des représentations fragmentaires et identitaires de la société – d'où une insécurité accrue de ce point de vue.

Sans principe d'unification, social, national ou même simplement démocratique, ces identités culturelles démultipliées et exacerbées deviennent vite conflictuelles. Elles ne peuvent plus, dès lors, entrer ni dans un projet politique commun ni même dans une coalition électorale opportune. Le combat généralisé pour des ressources publiques devenues à la fois plus rares et moins légitimes, dont le principe de (re)distribution même devient incertain dans une époque de crise, rend plus illisible la position que chacun occupe dans la société. Minorités et majorité, groupes sociaux et groupes identitaires-culturels, communautés et individus... tous sont soumis à une déstabilisation anxiogène. Seules, finalement, des élites lointaines, mondialisées et fermées à tout renouvellement et à toute mobilité sociale semblent disposer des moyens d'échapper au lot commun et paraissent s'en sortir tout en œuvrant, de fait, à leur contestation de plus en plus radicale.

Voilà ce que nous dit, politiquement, l'insécurité culturelle. Et voilà pourquoi c'est le Front national qui, pour le moment, est le seul parti, la seule force politique audible en la matière. Voilà aussi pourquoi il progresse électoralement, territorialement et sociologiquement dans le pays, comme ses homologues le font ailleurs en Europe. L'échec des forces politiques traditionnelles, à droite comme à gauche, est d'avoir trop longtemps nié cette évolution tout en ne faisant que la nourrir.

C'est pourquoi il est temps de reconnaître l'insécurité culturelle comme l'un des indicateurs les plus sûrs des difficultés de la société française, afin de pouvoir la combattre politiquement et, avec elle, ceux qui en profitent.

Conclusion

On reproche souvent aux universitaires et aux chercheurs de ne pas proposer de solutions aux problèmes qu'ils soulèvent. À quoi peut être aisément objecté que les solutions aux problèmes politiques relèvent avant tout du politique et non du milieu académique. Une telle objection n'est pour autant ni suffisante ni satisfaisante. Car même si l'on doit toujours porter une attention particulière à la distinction entre le savant et le politique, chère à Max Weber[1], on sait que l'étanchéité entre les deux mondes n'est jamais parfaite. Elle n'est même guère souhaitable si l'on aspire à l'élaboration d'une « science », *a fortiori* sociale ou politique, qui soit la plus en prise avec le monde qu'elle prétend expliquer, et à une politique la mieux éclairée possible sur le monde qu'elle doit gouverner.

---

1. Max Weber, *Le Savant et le Politique*, Plon, 1959 en français (textes originaux 1918-1919).

Le « regard politique[2] » que l'on a tenté de porter, avec ce livre, sur une question aussi dérangeante que difficile à cerner implique, de la part de son auteur, de se prêter au jeu des réponses. Non tant pour apporter des solutions clefs en main dont le politique pourrait faire immédiatement usage – encore faudrait-il qu'il s'en empare ! – que pour inciter les citoyens à réfléchir et à débattre.

Parler d'insécurité culturelle permet d'abord et avant tout d'ouvrir un débat qui aurait dû avoir lieu depuis longtemps, tout particulièrement à gauche. Un débat sur ce qu'est devenue la société française en ce début de XXIe siècle et sur ce qu'il est encore possible, *hic et nunc*, de faire ensemble, entre citoyens, c'est-à-dire à travers un projet politique et social commun. Or on a vu combien l'insécurité culturelle se nourrit des crispations identitaires et la manière dont elle alimente, à son tour, des dérives du même ordre. Ce cercle vicieux doit être brisé, politiquement, pour la combattre. C'est ainsi qu'on redonnera

---

2. Pierre Manent définit ainsi cette expression qu'on lui emprunte : « Je veux comprendre, ou plutôt je désire comprendre. [...] Comprendre quoi ? Comprendre ce qui *est*. Et comprendre ce qui est, là encore, cela n'est pas quelque chose qui, me semble-t-il, motive les ambitions des hommes aujourd'hui. Parce qu'ils sont plus intéressés, d'une certaine façon, par ce qui n'est pas. [...] et j'ai toujours trouvé la société qui est plus intéressante que la société qui pourrait être », in *Le Regard politique* (entretiens), Paris, Flammarion, 2010, p. 7-8.

de l'efficacité à la lutte contre le premier bénéficiaire de la dérive identitaire contemporaine : le Front national.

Le multiculturalisme n'est pas une politique

Un point de départ utile pour ce combat est de (se) rappeler que le multiculturalisme ne saurait être une politique. Il s'agit d'un fait social, et même d'un « fait social total[3] », puisque sa constitution, sa reconnaissance ou simplement le constat de sa réalité ne dépendent ni du savant ni du politique. La plupart des grandes sociétés contemporaines, dont la France bien évidemment, sont en effet des sociétés multiculturelles, ouvertes aux échanges et aux influences, aux migrations et à toutes sortes de mutations culturelles. Ce multiculturalisme de fait ne revêt donc aucun caractère moral : il n'est ni bon ni mauvais.

Ainsi, par exemple, l'immigration qui alimente le caractère multiculturel d'une société peut-elle difficilement être considérée soit comme une

---

3. Suivant la célèbre expression de Marcel Mauss dans son *Essai sur le don. Forme et raison de l'échange dans les sociétés archaïques*, PUF, 2007 (paru initialement en 1923-1924 dans *L'Année sociologique*).

« chance », soit comme une « menace ». Un tel faux débat est caractéristique d'une manière de penser et de voir la réalité aussi stérile que dangereuse. L'immigration entraîne certes des effets positifs et des effets négatifs en termes économiques, sociaux, culturels, etc., qu'il s'agit d'identifier le plus clairement possible, d'amplifier pour les premiers et de limiter pour les seconds, mais elle n'a, ou ne devrait avoir, aucun contenu moral ou normatif. Attribuer une valeur au multiculturalisme ou à l'immigration, c'est se résigner d'emblée à leur instrumentalisation.

Politiquement, il est donc indispensable de favoriser un débat le plus ouvert et le mieux informé, qui soit à propos de leurs effets, plutôt que d'introduire, au détriment du pluralisme lui-même, une dimension morale ou normative préalable. L'insécurité culturelle et les manipulations politiques auxquelles elle donne lieu découlent très largement de ce décalage entre fait et norme de la part des différents acteurs politiques et sociaux (responsables et militants des partis, associations identitaires des partis, institutions publiques nationales et internationales, entreprises, recherche en sciences sociales, etc.).

Ces acteurs, plus ou moins conscients des conséquences de ce qu'ils entreprennent, entendent faire du « fait multiculturel » le point de départ sinon unique, du moins principal, de revendications, de discours ou de politiques publiques, au détriment d'autres considérations, de nature économique et sociale notamment. En passant ainsi d'un multiculturalisme de fait à un multiculturalisme normatif, ils entrent dans ce que les Anglo-Saxons ont appelé *identity politics* (la politique de l'identité).

Une telle inclination nourrit l'insécurité culturelle en ce qu'elle met l'accent, publiquement et médiatiquement, sur les problématiques identitaires culturelles (ethno-raciales, de genre, d'orientation sexuelle, religieuses...) de certains groupes et de certains individus – que ce soit positivement ou négativement – plutôt que sur ce qui est commun à l'ensemble des citoyens, c'est-à-dire sur ce qui est proprement politique au sens de la délibération et du choix collectifs. S'il suit une telle pente, l'espace public peut très vite se résumer à une juxtaposition d'individualités et de minorités, définies avant tout par des identités culturelles essentialisées et radicalisées ; des individus et des minorités en conflit permanent pour la reconnaissance, par les autres ou par les institutions, de tel ou tel critère d'une identité qu'ils mettent en avant, et pour la redistribution de ressources subséquente.

Il ne s'agit plus dans ce cas ni de la lutte, nécessaire et utile, contre les discriminations subies en raison de tel critère d'identité, ni de la poursuite du mouvement historique d'émancipation et d'égalisation des droits. Il s'agit de la mise en avant systématique de ce critère comme moyen unique et incontournable de toute relation sociale ou politique. Devenu surdéterminant, il efface le pluralisme identitaire inhérent à l'individu, puisque celui-ci est sommé de choisir entre ses différentes « appartenances ». Il doit définir (ou on définit pour lui) ce qui importe avant tout : son origine ethno-raciale, son genre, son orientation sexuelle, sa religion... Cela amoindrit aussi le jeu du pluralisme dans la société en général, en obligeant chacun à se définir publiquement ainsi, à figer en quelque sorte son identité personnelle, à être vu et perçu uniquement pour telle ou telle raison par les autres ou au regard des politiques publiques.

Le combat pour la reconnaissance identitaire n'est pas une lutte sociale

Un tel usage, normatif, du multiculturalisme présente un danger à la fois pour les individus, les groupes sociaux et la société dans son entier, car il entretient la confusion entre, d'une part, la poursuite de l'émancipation et du combat pour l'égalité et, de l'autre, la quête d'une reconnaissance identitaire individuelle ou minoritaire. Ce qui favorise et diffuse, en retour, l'insécurité culturelle dans l'ensemble de la société suivant un cercle identitaire vicieux. Faire ainsi passer la reconnaissance identitaire pour une forme de redistribution – faire passer politiquement le besoin de la première pour une nécessité au regard de la seconde – conduit à des conséquences destructrices pour le lien social[4]. On a vu plus haut qu'une telle manipulation du social au nom de l'identitaire pouvait d'ailleurs devenir une stratégie[5].

D'abord, cela isole les membres des groupes minoritaires du reste de la population en refermant sur eux le piège identitaire, celui précisément de la discrimination dont ils pensaient pouvoir sortir en mettant en avant le critère au nom duquel ils étaient discriminés. L'exemple des programmes de discrimination positive (*affirmative action*), notamment, dans les universités américaines montre bien ce genre d'effets pervers pour les étudiants qui en ont bénéficié eux-mêmes. Ils sont en effet souvent considérés, au cours de leur vie professionnelle, comme titulaires de diplômes qu'ils ne méritent pas en raison des conditions dérogatoires d'accès à l'université dont ils ont bénéficié[6].

---

4. Les principales questions soulevées par le débat philosophique entre reconnaissance et redistribution ont été abordées par Nancy Fraser et Axel Honneth dans *Redistribution or Recognition? A Political-Philosophical Exchange*, Londres, Verso, 2003.

5. Voir dans le chapitre 4 : « "Intersectionnalité des luttes" et rôle des élites ».

6. On trouve une synthèse très complète sur le sujet dans Richard Sander et Stuart Taylor Jr., *Mismatch : How*

Ensuite, cela renforce l'individualisme et le délitement de la solidarité sur un mode universel dans la société en spécifiant les enjeux par « population-cible » et en individualisant les risques et les protections afférentes. Vouloir à tout prix faire passer pour un combat en faveur de l'égalité des mesures réservées à des personnes ou des populations spécifiques en raison de critères identitaires minoritaires, c'est prendre le risque de mesurer l'ensemble de l'action publique à l'aune de tels critères, et donc de renforcer encore la dérive libérale d'une « société des individus[7] » au détriment, précisément, de l'égalité elle-même.

Cela impose en effet aux promoteurs des causes « minoritaires » de faire passer à tout prix, y compris de mensonges et de faux-semblants s'il le faut, leur combat pour la reconnaissance d'une identité spécifique pour une lutte sociale qui bénéficie nécessairement à toute la société. Pour ce faire, il est indispensable, par exemple, de présenter les inégalités comme la conséquence des préjugés qui traversent la société plutôt que du système social lui-même, ce qui empêche toute critique sociale de se déployer correctement et,

---

Affirmative Action Hurts Students It's Intended to Help, and Why Universities Won't Admit It, New York, Basic Books, 2012.

7. Norbert Elias, *La Société des individus*, Paris, Fayard, 1991 (texte original de 1939).

donc, toute remise en cause en profondeur de celui-ci. Il est également indispensable de faire passer les personnes discriminées en raison de leur identité culturelle pour opprimées et dominées afin d'assimiler la lutte pour leur reconnaissance à une lutte pour leur émancipation[8].

Enfin, une telle attitude suscite en retour des réactions, d'autant plus vives que la crise sociale est aiguë, de la part d'une partie de la « majorité ». Celle qui rassemble, *de facto*, tous les individus et les groupes sociaux qui ne sont pas concernés par les revendications minoritaires et qui en viennent à estimer que trop de place leur est accordée politiquement, médiatiquement, etc., voire qu'ils sont victimes à leur tour, de ce fait, d'une forme de discrimination à l'envers ou à rebours (*reverse discrimination*) de la part des pouvoirs publics notamment.

De là provient une crispation, elle-même identitaire. D'un refus de reconnaître les préoccupations minoritaires, on passe alors au rejet pur et simple des revendications des minorités, voire, comme c'est le cas désormais à travers la thématique du « racisme anti-Blanc », à l'affirmation d'une identité « en contre », considérée

---

8. C'est l'argumentation développée, notamment, par Walter Benn Michaels, un auteur qui se réclame du marxisme, dans *La Diversité contre l'égalité*, Paris, Raisons d'agir, 2009 (édition originale 2006).

comme oubliée ou niée, sur le mode identitaire du multiculturalisme[9]. La boucle identitaire de l'insécurité culturelle est alors bouclée. La lutte sociale disparaît au profit d'une lutte identitaire. Les dérives identitaires se nourrissent entre elles. Si les tenants de la diversité et de la politique identitaire dominent le « combat culturel » cher à Gramsci à gauche, les promoteurs d'une droite et d'une extrême droite identitaires le gagneront aussi.

Une telle réduction identitaire conduit, par exemple, à résumer, comme on le voit très souvent aujourd'hui dans le débat public en France, l'opposition politique à un affrontement – pour la reconnaissance comme pour la redistribution de ressources devenues plus rares – entre « petits Blancs » et autres « Français de souche », mobilisés par la droite et l'extrême droite identitaires, et « minorités visibles » et autres « personnes issues de la diversité » mises en avant par la gauche et l'extrême gauche identitaires.

À l'idée que l'espace politique et social puisse être le résultat, toujours difficile à atteindre et toujours en « travaux » certes, d'un projet commun et partagé, même s'il est disputé et critiqué,

---

9. On trouve une expression exhaustive des thématiques identitaires de réaction au multiculturalisme dans Philippe Vardon-Raybaud, *Eléments pour une contre-culture identitaire, op. cit.*

les identitaires des deux bords opposent leur vision séparatrice. Sur fond d'identité ethnique et « raciale », de genre, d'orientation sexuelle, d'appartenance religieuse voire régionale ou locale, chaque camp met en scène sa vision différentialiste du monde, encourageant ainsi à son tour la croyance que chaque individu est doté d'une identité figée, essentialisée. Dans une telle perspective, on ne peut pas être un citoyen libre de ses idées et de ses appartenances. Piégé dans son identité, on ne peut faire valoir ses intérêts et ses besoins, seul ou en groupe. On ne peut finalement être que ce que l'on est depuis toujours, on ne peut échapper à son origine. Et si l'on y échappe, ce n'est que pour se voir assigner ou prescrire une nouvelle identité, mais du même type, tout aussi essentialisée que la première. Ce n'est jamais, en tout cas, au nom d'une émancipation individuelle ou collective.

Libérer chacun d'un tel piège se mesure au fait que la société dans laquelle il vit puisse lui donner les moyens (éducation, sécurité juridique, opportunités économiques, *empowerement*...) de refuser une telle assignation. En clair, d'être ou de devenir autre chose, dans l'espace public et social, et pourquoi pas personnel et privé, que ce qu'il « est » identitairement. Telle est la seule mesure possible d'une politique non déterminée par l'identité.

La promotion de la diversité n'est pas une défense de l'égalité

Aujourd'hui, en France, la lutte identitaire et le multiculturalisme normatif se déploient le plus souvent sous les traits et la rhétorique de la « diversité »[10]. Celle-ci sert en effet à justifier de nombreuses décisions de politique publique, au nom de la lutte légitime contre les discriminations à l'égard des membres de minorités et du respect de la différence identitaire, mais elle est également un moyen déployé par une partie des élites pour protéger leur autoreproduction et pour faire accepter l'absence de mobilité sociale à la grande majorité de la population.

La diversité ne permet en effet ni une meilleure redistribution des ressources ni davantage d'égalité[11]. Au contraire, en période de difficultés

---

10. Voir Réjane Sénac, *L'Invention de la diversité*, *op. cit.*
11. D'autant que les injonctions à la diversité sont contradictoires avec d'autres, appelant au métissage par exemple, prônées souvent par les mêmes acteurs. Claude Lévi-Strauss avait déjà souligné ce point dans *Race et histoire* : « Sans doute nous berçons-nous du rêve que l'égalité et la fraternité régneront un jour entre les hommes sans que soit compromise leur diversité », que Pierre-André Taguieff reprend et résume ainsi : « S'agit-il de défendre les identités ethnoculturelles au nom du "pluriel" ou de prôner leur "mélange" qui tend à les effacer ? Souhaite-t-on le bétonnage des différences ou leur dissolution dans un mélange sans frontières ? Veut-on

économiques et sociales, la diversité, notamment ethno-raciale – caractéristique en particulier des groupes issus de l'immigration récente –, conduit à une dégradation du lien social d'ensemble, en raison d'un renfermement des différents groupes sur eux-mêmes et du rejet vis-à-vis des autres[12]. Racisme et ethnocentrisme peuvent même se développer, en retour, comme une conséquence de cette diversité dès lors que des discours publics insistent de manière normative sur sa nécessité et son caractère « moral ».

L'insistance sur la « diversité » conduit donc aux mêmes effets que le multiculturalisme normatif et les luttes identitaires, qu'elle recoupe largement chez certains acteurs publics ou issus de la société elle-même (groupes de pression et activistes, « entrepreneurs identitaires »...)[13] : elle

---

une France de la "diversité" protégée, ou bien une France du "métissage" généralisé ? Et, plus largement, une humanité respectée dans sa diversité ethnique et culturelle, ou bien une humanité en marche vers son uniformisation ? Entre le respect absolu de la différence ou l'obligation inconditionnelle de métissage, il faut choisir », in « Diversité et métissage : un mariage forcé », *Influences*, 23 novembre 2009.

12. Sur la relation inverse entre diversité et lien social, voir le célèbre article de Robert Putnam : « *E Pluribus Unum* : Diversity and Community in the Twenty-first Century. The 2006 Johan Skytte Prize Lecture », *Scandinavian Political Studies*, 30-2, 2007, p. 137-174.

13. La notion d'« entrepreneur identitaire » a été développée par Bertrand Badie, notamment dans *Un monde sans*

favorise l'insécurité culturelle des individus et des populations qui n'en sont pas les bénéficiaires, sans toutefois résoudre celle que vivent et ressentent les membres des « minorités » concernées.

La raison première d'un tel décalage entre l'intention et le résultat tient à l'orientation purement culturaliste de la diversité telle qu'elle est aujourd'hui présentée et prônée politiquement et médiatiquement. Il n'est en effet pratiquement jamais question de diversité *sociale* : celle des origines sociales, des parcours, des réussites, du mérite... sinon de manière secondaire, liée à la diversité *culturelle* ou *identitaire* de tel ou telle. L'argument de l'intersectionnalité, on l'a vu, permettant le plus souvent dans un pareil cas d'écarter la pertinence de l'objection, puisque les publics-cibles de la promotion de la diversité culturelle sont, statistiquement, le plus souvent aussi dans une situation sociale difficile. Il n'en reste pas moins que, même dans un pareil cas, le « ciblage » est d'abord culturel. Ce qui produit un effet de moralisation entre une « bonne » diversité, celle réservée à la promotion des minorités sur motif culturel, et la « mauvaise », en tout cas secondaire, de tous les autres, sur motif social cette fois[14].

---

souveraineté. Les États entre ruse et responsabilité, Paris, Fayard, 1999.

14. Parmi les multiples exemples de cette « préférence » pour le culturel sur le social, on citera la « une » et les trois pleines pages de la séquence « événement » du journal

Comment, dès lors, est-il possible de parler de « diversité » en limitant celle-ci à certains critères, considérés comme légitimes, alors que d'autres ne le sont pas ou seulement de manière marginale ? Qui décide de ces critères et pour quelles raisons, dans quels buts ? Sont-ce les chercheurs, les entreprises, les responsables publics ? Ces interrogations imposent aussi de réfléchir à la manière dont la « diversité » est promue et appliquée dans différents lieux.

Si un tel usage de la diversité entretient, voire renforce, l'insécurité culturelle dans la société, c'est précisément parce qu'une grande partie de la population ne se sent bien évidemment concernée ni par le discours ni par les politiques mises en œuvre au nom de la diversité. Pis encore, une partie de cette population non concernée peut en venir à se sentir défavorisée à son tour en raison de ce discours et de ces politiques. C'est tout particulièrement le cas dans les catégories populaires, comme on l'a vu.

Non seulement la diversité sociale n'est pas promue et défendue dans le discours politique, mais, en période de difficultés économiques et sociales, les mécanismes de redistribution et de mobilité sociale fonctionnant moins bien – ou

---

Libération du 31 mai 2012, « Parité, diversité : les cabinets blancs de la République », à propos de la formation des cabinets ministériels du nouveau gouvernement de gauche.

étant de plus en plus réduits –, les catégories populaires souffrent de relégation et de marginalisation, à la fois ressenties et réelles. Ce qui les conduit à vivre la promotion sur la scène publique et médiatique, et l'application de la diversité culturelle dans différentes politiques publiques, comme une injustice supplémentaire.

D'autant que le discours sur la diversité peut à son tour s'accompagner de justifications moralisatrices, voire accusatrices, qui renforcent encore ce sentiment d'injustice et les conséquences réelles de la différenciation d'avec les minorités et les cibles de la diversité. Les phénomènes de réappropriation identitaire autour des expressions « Français de souche » et « petits Blancs » s'expliquent largement par de tels mécanismes[15].

Se voyant opposer publiquement, dans le discours ou dans la pratique des politiques publiques, des identités culturelles non seulement présentées, expressément, comme différentes de la leur, mais encore mises en avant au nom de discriminations, voire de crimes tels que la colonisation ou l'esclavage commis dans le passé par leurs « semblables » (sans prendre en compte les différences sociales), ces « Français de souche » peuvent éprouver, là encore, une forme d'insécurité culturelle. Si, de

---

15. Voir de ce point de vue l'ouvrage militant d'Aymeric Patricot, *Les Petits Blancs. Un voyage dans la France d'en bas*, Paris, Plein Jour, 2013.

surcroît, ils sont traités, *a priori* et sans qu'il y ait d'acte probant, de racistes ou de xénophobes, par exemple, par ceux-là mêmes, responsables politiques, économistes, journalistes, qui défendent la diversité, alors cette insécurité culturelle peut déboucher sur une réaction virulente, dont le vote FN apparaît comme la conséquence politique.

Promouvoir ou favoriser la diversité présente donc un risque élevé de nourrir ce que l'on prétend combattre. Les enchaînements d'effets pervers ou boomerangs de ce type, à l'œuvre depuis une trentaine d'années en France, sont légion. Vouloir agir contre les discriminations à partir d'outils inadéquats – la diversité plutôt que l'égalité, la reconnaissance identitaire plutôt que la mise en avant de ce qui est commun aux individus et aux groupes sociaux… – conduit non seulement à un durcissement des conditions de la lutte identitaire au détriment de la lutte sociale, mais encore au risque de la promotion d'une réaction identitaire plus forte de la part d'une partie croissante de la population.

Le « commun », l'autre nom de la République

Le multiculturalisme normatif, la volonté de reconnaissance identitaire et la promotion de la diversité sont donc non seulement des moyens inefficaces pour atteindre les buts qu'ils prétendent servir, mais générateurs de tels effets pervers et de telles forces contraires qu'ils risquent, si l'on n'y prend garde, de dissoudre le lien social et d'emporter l'ensemble de la société. Les discours et les politiques ordonnés ainsi ne permettent pas de lutter contre l'insécurité culturelle, ils contribuent même à la renforcer, et ses conséquences politiques avec elle.

En avoir dressé le tableau, même rapide, permet de dessiner en creux non un projet politique, mais, du moins, une manière de penser et de voir alternative à la vulgate identitaire que l'on retrouve si communément aujourd'hui sur l'ensemble de l'échiquier politique français. Il est bien sûr plus difficile d'en indiquer le sens positif, *a fortiori* de le nommer précisément. Un tel projet se rattache en tout cas au républicanisme, pas seulement dans l'acception française du terme, mais, de manière plus large, à la suite de la longue tradition du républicanisme civique que l'on retrouve de loin en loin dans différents contextes et à différents moments historiques. On le souhaite ainsi à distance d'un « idéal républicain » jauni et vieilli – si tant est qu'il ait réellement existé un jour – tel qu'il est exalté parfois en France. On le veut éloigné, par exemple, d'un universalisme déclaratif, de surplomb, aussi vain que non applicable.

Ce que l'on voudrait plutôt mettre en évidence, c'est un républicanisme du « commun » ; à la fois au sens de bien commun et au sens d'habituel, de quotidien sinon de banal. En somme, un républicanisme principiel, héritier d'une théorie politique riche et d'une longue histoire sociale dont la France a été un des lieux privilégiés depuis deux siècles[16], et pratique, sans illusion ni faux espoir sur son temps, soucieux de chercher sans relâche comment sortir, tous ensemble, de la nasse contemporaine. Un républicanisme politique qui n'ait à attendre ni grand soir ni grande transformation pour exister et inspirer les choix collectifs et la vie sociale. Un républicanisme qui renverse l'ordre de préséance marxiste ou libéral entre économie et politique[17].

Ce républicanisme s'incarne d'abord dans une forme de pragmatique sociale visant à conjurer les tentations identitaires dont on a vu le mécanisme et le nombre. Il prétend, par exemple, à

---

16. La tradition de républicanisme civique et ses implications au regard de la liberté ont été mises en évidence par de nombreux auteurs ces dernières années, notamment par Philip Pettit, *Républicanisme. Une théorie de la liberté et du gouvernement*, Gallimard, 2004, ou encore Quentin Skinner, *La Liberté avant le libéralisme*, Paris, Le Seuil, 2000.

17. La réflexion sur le « commun » est désormais engagée de différentes manières, par différents biais. On en citera deux ici, aussi récents que variés : Pierre Dardot, Christian Laval, *Commun. Essai sur la révolution au XXIe siècle*, Paris, La Découverte, 2014 ; Nicolas Colin, Henri Verdier, *L'Âge de la multitude. Entreprendre et gouverner après la révolution numérique*, Paris, Armand Colin, 2012.

un discours public qui insiste en toute occasion sur une intégration qui fonctionne et qui a permis, génération après génération, à des millions d'étrangers de devenir français, et donc de devenir la France, suivant la conception politique de l'appartenance nationale qui est la nôtre. Le mécanisme, et non le modèle, fonctionne certes moins bien en période de crise économique aiguë, mais il fonctionne néanmoins. Ce n'est pas son principe qui est vicié, c'est le moment et surtout l'action de ses contempteurs, de tous côtés, qui en amoindrit la portée. D'ailleurs, à rebours des discours hostiles à l'intégration et des assignations identitaires, les vagues d'immigration récentes s'intègrent, elles aussi, peu à peu[18].

C'est pourquoi il est indispensable de ne pas fléchir face aux multiples tentatives qui vont dans le sens d'une désintégration au prétexte du multiculturalisme, de la reconnaissance identitaire ou de la diversité.

Qu'il s'agisse de mettre en place des statistiques ethniques ou « de la diversité » (*sic*) dont l'intention, louable en soi, d'une meilleure connaissance des discriminations se heurte aux manipulations de toutes sortes qui pourraient en résulter, et surtout à la personnalisation identitaire des politiques

---

18. Les récents travaux sur la France de Gilles Kepel témoignent bien d'un tel phénomène, voir notamment son *Passion française. La voix des cités*, Paris, Gallimard, 2014.

publiques que cela impliquerait pour qu'elles débouchent sur des résultats concrets. La levée du « voile d'ignorance » a en effet toujours des implications négatives dont il est impératif ici de se préserver. D'autant qu'il existe d'autres moyens de lutter efficacement contre les discriminations.

Qu'il s'agisse, aussi, de mettre en œuvre un droit de vote des étrangers aux élections locales. Mesure souhaitable et nécessaire il y a trente ans, mais qui, aujourd'hui, ne correspond plus à la situation des populations qu'elle entend toucher, tant le paysage de l'immigration et de l'intégration a changé depuis. Mesure qui, par ailleurs, en raison de la dissociation entre nationalité et citoyenneté qu'elle implique, enfoncerait un coin difficilement réversible dans une conception de la nationalité française qui se définit avant tout par l'adhésion volontaire à un projet politique (par le droit du sol) et non par la reconnaissance d'une appartenance de sang. Là encore, l'opportunité serait donnée à des esprits peu soucieux de la cohésion nationale de défaire un peu plus celle-ci.

Qu'il s'agisse, encore, de la tentation de qualifier la laïcité, comme « positive » par exemple, comme on l'a entendu ces dernières années. Outre que c'est une manière détournée de dire que l'on veut permettre, affirmer ou même garantir la présence active des religions dans l'espace public, c'est surtout le signe d'une volonté, on le voit au FN, d'exclure explicitement l'islam du cercle laïque. Ce serait un cadeau inespéré aux fondamentalistes et aux islamistes, qui n'attendent que ça. Alors qu'au contraire la réaffirmation du principe de laïcité, au cœur de la définition politique de ce qu'est la France, permet de garantir l'exercice libre des croyances (de toutes les croyances sans exception) dans l'espace privé, tout en donnant à chacun et chacune, croyant ou non, les moyens (juridiques et politiques notamment) de ne pas être soumis, au-delà de sa stricte volonté, à une quelconque religion ou à ses coreligionnaires.

Qu'il s'agisse, enfin, de vouloir à tout prix soigner les blessures identitaires contemporaines, qu'elles soient provoquées par le poids du passé ou par les discriminations actuelles, à coups de mesures symboliques et de grandes déclarations à vocation thérapeutique. Pourquoi ne pas préférer, plutôt que la thérapie, la pédagogie ? À l'école, par exemple, plutôt que d'enfermer encore un peu plus les enfants dans leurs cultures dites « d'origine » (sans qu'on sache d'ailleurs qui en décide ou en dessine les contours), en exaltant parfois même celles-ci, en les mettant en scène et en jeu, et en figeant les identités spécifiques qu'elles produisent, mieux vaudrait donner à tous les élèves les outils (linguistiques, artistiques, technologiques...) d'une émancipation possible vis-à-vis de ces « cultures » supposément leurs. D'ailleurs, comment être certain que ces représentations culturelles, qu'on suppose ou qu'on impose aux enfants, ne sont pas fausses ou manipulées à leur tour ? Qu'elles reflètent bien le réel et donc qu'elles ne sont pas, elles aussi, simplement des sentiments et non des réalités ? À la manière de l'insécurité culturelle dont ils sont, eux surtout, victimes avant d'être acteurs. Éduquer, *en* commun et *au* commun, c'est au contraire donner la possibilité à chacun, intellectuellement, sinon socialement, de sortir de l'identité qui lui est assignée, par son milieu d'origine, sa famille, la société, etc.

Éviter et combattre les dérives identitaires est indispensable pour réduire l'insécurité culturelle et assécher les canaux qui permettent sa diffusion. Au-delà, on peut aussi envisager quelques pistes de réflexion à la fois plus larges et plus profondes, qui permettraient, à gauche surtout, de définir ce « commun » que l'on appelle de nos vœux, seul rempart efficace à l'insécurité culturelle et ses conséquences politiques.

À l'aune d'abord d'une liberté dégagée des contradictions qu'on observe si souvent aujourd'hui autour du libéralisme : afficher d'un côté un antilibéralisme économique, contre le marché, le capitalisme et pour une régulation forte des comportements économiques ; et de l'autre un libéralisme culturel qui n'est autre qu'un relativisme des valeurs le plus étendu possible. Il s'agit d'une liberté sans libéralisme, c'est-à-dire un bien commun, ouvert et disponible pour tous sans exception dans la société, une liberté conçue et défendue collectivement, politiquement, par les citoyens, à l'écart des injonctions, tant du marché que de l'État.

À partir, aussi, d'une manière différente de concevoir la frontière, qui ne devrait être ni un mur, fermé aux échanges, ni un espace vide, ouvert à tous vents, mais bien un lieu de passage entre des souverainetés nationales et populaires bien établies. Une frontière qui permettrait de lever toute ambiguïté au regard de l'idée nationale, en la tenant à l'écart de l'identité culturelle préalable ou figée, en lui redonnant son caractère, unique, de lieu de démocratie et de solidarité à l'âge moderne. En la redéfinissant comme un lieu d'émancipation collective et non d'aliénation ou d'affrontement. Une telle réappropriation permettrait de mieux se projeter dans le monde contemporain sans avoir à le faire uniquement sur le mode individuel.

En abordant, enfin, à nouveaux frais et de front, la question de la distanciation entre élite et peuple, entre le « haut » et le « bas » de la société. Une élite, des élites, sont nécessaires dans toute société, mais elles doivent être légitimes, sans quoi il n'y a plus de lien social possible, sans même parler de « commun ». C'est pourquoi la réappropriation collective de l'élite par le peuple apparaît aujourd'hui comme l'une des clefs de la lutte contre l'insécurité culturelle et contre le populisme qui l'exploite politiquement. Elle passe par le rétablissement des conditions de la mobilité sociale, intergénérationnelle notamment, dans l'ensemble de la société, par l'instauration des éléments d'une morale publique commune qui s'applique à tous sans exception, par une lutte efficace et déterminée contre les rentes indues et les situations de privilège sans droit.

*

L'insécurité culturelle, et le populisme contemporain qui prend partout appui sur elle, ne seront vaincus qu'à la condition que nous acceptions que ce qui nous est « commun » a plus d'importance et de valeur que ce qui nous est propre, identitaire et immédiatement avantageux. C'est le choix politique que nous avons à faire aujourd'hui, ensemble.

Table

Introduction 7

Chapitre premier. – Le triangle « économie, immigration, mode de vie » 15
Inquiétante mondialisation 17
Le « cheval de Troie » européen 19
Immigration et islam : la somme de toutes les peurs 22
Une insécurité « sociétale » 28

Chapitre 2. – Insécurités 35
Insécurité et violences urbaines 36
Tentation sécuritaire et insécurité sociale 37
Politique des valeurs et question « sociétale » ... 40
Réalité ou sentiment d'insécurité ? 41

Chapitre 3. – Quand on entend le mot « culture »... 47
Le tournant identitaire 49
L'apport des Cultural Studies 54
Premiers usages 57

Chapitre 4. – Une affaire sociale 67
  Minorités et catégories populaires 68
  « Intersectionnalité des luttes »
  et rôle des élites 74
  Une insécurité de classe 82

Chapitre 5. – La carte et le territoire 87
  Les « France » de l'insécurité culturelle 88
  Politique des territoires 94

Chapitre 6. – Identité, souveraineté
et conservatisme 101
  Le FN, champion de l'insécurité culturelle 103
  Une réponse culturaliste unique 110
  Identité nationale ou conservatisme
  des valeurs ? 117

Chapitre 7. – La double impasse
de la gauche 127
  Économisme et culturalisme 128
  L'insuffisance de l'explication économique 133
  Gouverner au risque du libéralisme
  économique et culturel 142

Conclusion 159
  Le multiculturalisme n'est pas une politique 161
  Le combat pour la reconnaissance identitaire
  n'est pas une lutte sociale 164
  La promotion de la diversité
  n'est pas une défense de l'égalité 170
  Le « commun », l'autre nom
  de la République 175

Composition et mise en pages
Nord Compo à Villeneuve-d'Ascq

Achevé d'imprimer
par Dupli-Print à Domont
en mars 2015

Fayard s'engage pour l'environnement en réduisant l'empreinte carbone de ses livres. Celle de cet exemplaire est de : 0,900 kg éq. CO_2
Rendez-vous sur www.fayard-durable.fr

PAPIER À BASE DE FIBRES CERTIFIÉES

36-3605-7/04
Dépôt légal : janvier 2015
N° d'impression : 2015023427
Imprimé en France